나의
웰다잉
노트

나의 웰다잉 노트

초판 1쇄 발행 2018년 1월 11일
　　2쇄 발행 2019년 5월 1일

지 은 이　眞性진성 朴鍾憲박종헌
발 행 인　권선복
편　　집　심현우
디 자 인　최새롬
전 자 책　천훈민
발 행 처　도서출판 행복에너지
출판등록　제315-2011-000035호
주　　소　(157-010) 서울특별시 강서구 화곡로 232
전　　화　0505-613-6133
팩　　스　0303-0799-1560
홈페이지　www.happybook.or.kr
이 메 일　ksbdata@daum.net

값 20,000원
ISBN 979-11-5602-568-9 03190

도서출판 행복에너지는 독자 여러분의 아이디어와 원고 투고를 기다립니다. 책으로 만들기를 원하는 콘텐츠가 있으신 분은 이메일이나 홈페이지를 통해 간단한 기획서와 기획의도, 연락처 등을 보내주십시오. 행복에너지의 문은 언제나 활짝 열려 있습니다.

준비하는 황혼, 아름다운 마무리를 위하여

나의
웰다잉
노트

Well-Dying Note

眞性진성 朴鍾憲박종헌 지음

도서
출판 행복에너지

아름다운
마무리의 준비

　한 번뿐인 인생이 이제 80을 맞이하였다. 언제 돌아갈지는 모르지만 아름다운 마무리를 위해서 生死學(생사학)연구를 시작하였다. 영어로 Well-Dying이란 말은 죽는다는 표현보다 부드럽다. 그러나 그 내용이 Well-Being과도 관련이 된다는 것을 알고 있다. 왜냐하면 현재없는 미래는 있을 수 없기 때문이다. 그러므로 Well-Dying은 Well-Being없이 불가능한 것이다. 그 실현 방법은 현재 내 인생에 대한 철학과 가치관이 잘 정돈되어야 할 것이다.

　죽음이란 무엇인가? 삶은 무엇이고, 삶과 죽음은 어떠한 관계가 있는가? 죽으면 인생은 끝나는가? 그런 문제의 주체인 나는 또한 누구인가? 그리고 어떻게 살아야 하는가 등을 새삼스럽게 되씹어보고 Well-Dying을 희망한다면, 지나온 과거의 습관들을 이상적으로 수정하고, 보완할 필요가 있다고 자성하게 된다.

삶과 죽음의 의미를 학문적으로 공부하기 위하여, 전문가들이 만든 책자를 일부 수집하여 읽어 보고, 노트하고 있는 중이다. 그러나 형이상학적인 논술과 이해하기 어려운 용어들이 많아서, 모두 정독하지는 못하였고, 일부만을 먼저 읽고 노트해 보았다. 의문이 생기는 내용을 점진적으로 연구하기 위해서 Well-Dying과 Well-Being에 관련된 책자의 컨텐츠를 선별하여 기록하였다.

나의 Well-Being목표는 지금 이대로 3,650일로 정했다. 신체적 건강을 위해서 과식·과음을 피하고, 자연식을 고루 섭취하며, 하루 60분 이상 걷기운동을 하는 것이 우선이다. 정신건강을 위해서 모든 대상을 객관화하고 허심탄회한 마음으로 사물을 수용하고, 명상수행으로 貪·瞋·癡(탐·진·치)를 소멸하여 自我(자아)에서 非我(비아)로, 有我(유아)에서 無我(무아)로 영혼을 성장시키고, 자신과 환경 그리고 사회의 변화에 적응하기 위한 평생학습의 노력을 계속할 것이다.

사회적인 건강을 유지하기 위하여 계속 공부하고 이웃과 친척 동창생들과의 친밀한 관계를 유지하는 데 힘쓰고, 어려운 이웃과 무식·무지하다고 생각했던 사람들을 존경의 대상으로 하여 가능한 布施(보시)를 행할 것이다.

가정적으로 아내와의 백년해로를 위한 최선의 방법을 실행하고, 자녀들에게 기존의 기대와 연민을 버리고, 객관적인 관계로 전환하며, 시대에 맞는 사고방식을 실천할 것이다.

경제적으로 지금 살고 있는 이 방식 그대로 큰 변동 없이, 현재의 생활비 지출을 유지하고, 실속 있고 검소한 문화생활을 지향할 것이다.

Well-Dying의 목표는 解脫(해탈)과 涅槃(열반)이다. 죽음에 대한 철학과 정의를 분명히 할 필요가 있다. 잘 죽는 방법은 나 개인으로서의 존엄사와 인격체로서의 자존을 유지하는 아름다운 마무리를 하는 것이다. 가능하면 웃으면서 열반하고 싶은 희망이다. 존재하는 것은 사라질 수밖에 없다는 '生者必滅(생자필멸)', 모든 것은 변하게 된다는 '諸行無常(제행무상)', 세상의 모든 존재는 근원적으로 고정된 것이 없으므로 나 또한 본래 없다고 하는 '諸法無我(제법무아)' 등 佛法(불법)의 진리를 받아들인다. 그러기 위해서는 삶에서 겪게 되는 탐욕과 인간관계에서 오는 분노와 무지에서 오는 어리석음 등의 탐·진·치를 소멸하기 위한 명상수행으로 현재의 생활에서 해탈의 길을 걸어야 한다. 죽음이 인간으로서의 인연이 끝나, 우주와 자연으로 돌아가는 것이라는 당연한 이치를 수용하는 데까지 심오한 수행을 계속하여야 한다.

Well-Dying은 당하는 죽음에서 맞이하는 죽음으로 가는 것이다.

사람은 누구나 죽는다. 그리고 사람은 자신이 죽는다는 사실을 미리 알고 있다. 그 앎이 삶을 변화시켜 주고, 현재 삶의 질서를 바로잡아 주기도 한다. 생명교육은 삶이 죽음으로 연결되는 변화를 긍정적인 방향으로 이끌어주고, 품위 있는 죽음을 맞이하도록 인도해 주는 학문이다. 죽음은 삶과 불가분의 관계에 있다. 사람이 자신의 삶을 끝맺는 방식은 곧바로 그가 삶을 어떻게 살았는가 하는 문제와 직결된다. 그러므로 죽어가는 사람이 삶의 마지막 단계를 어떻게 하면 인간답게 보낼 수 있는지, 자기 자신은 죽음을 어떻게 맞이할 것인지, 더욱 폭넓게 접근할 필요가 있다.

엘리자베스 퀴블러 로스는 『사후생』에서 "죽음이라고 부를 수 있는 것이 실제로는 존재하지 않는다. 죽음은 나비가 고치를 벗어던지는 것처럼, 단지 육체를 벗어던지는 것에 불과하다. 죽음은 당신이 계속해서 지각하고, 이해하고, 웃고, 성숙할 수 있는 더 높은 의식상태로의 변화일 뿐이다. 유일하게 잃어버린 것이 있다면 육체이다. 인간의 육체는 영혼불멸의 자아를 둘러싸고 있는 껍질에 지나지 않는다. 그렇기 때문에 죽음은 존재하지 않는다."라고 주장했다.

긴 안목으로 보면 죽음은 삶의 끝이 아니다. 그것은 행복의 완성을 위한 깨달음으로 나아가는 하나의 과정이다. 위 단계로 올라갈 수도 있고, 아래 단계로 내려갈 수도 있다. 그것은 발전이나 퇴보가 되지만 모든 것은 자기 자신의 마음공부와 행동에 따라 좌우된다.

죽음에 대한 공부는 내 자신이 어디서 와서 어디로 가는가 하는 삶의 근원적인 질문에 대한 답을 찾는 것이다. 그 답은 지금 이 순간을 어떻게 살 것인가를 생각하는 공부에서 나온다.

뇌와 심장은 작동을 멈춰도 영혼은 존재한다는 사실에 관한 과학적이고 의학적인 연구의 증거가 계속 나오고 있다. 죽음이 끝이 아니며, 그 이후 놀랍도록 아름다운 세상이 존재한다는 것을 알게 될 것이라는 하버드대학 신경과 의사 이븐알렉산더의 논문발표가 있다.

죽음을 직시하고 잘 맞이하려고 노력하면, 어떻게 살아야 하는가에 대한 생각이 바로 선다. 즉, 우리의 삶은 죽음을 생각할 때 완성된다고 보는 것이다. 죽음도 삶의 내용이나 질이 제대로 받쳐줄 때 완성된다고 보는 것이다.

나의 인생에서 가장 중요한 순간을 맞이할 준비를 해야 한다. 유럽 여행을 할 때 여행사에서 만든 안내서를 보고 그 지역에 대한 역사와 문화, 지리공부를 하였더니, 실속 있는 여행을 한 경험이 있다. 죽음은 황혼인생여행의 큰 목표이다. 아름답고 실속 있는 여정을 준비할 필요가 있다. 여기에 작성한 여행실천 노트는 지금의 삶을 더욱 풍요롭게 하고 제3의 인생을 보장할 것으로 생각한다. 이 나이에 죽음을 공부하는 것이 조금 늦은 감은 있지만, 현재의 삶에 풍요로움을 가져다주는 방법을 찾는 인생 최고의 값진 노력이다.

시냇물이 흘러 강으로 가고, 강은 바다로 가서 하나가 된다. 우리 인생도 자연 속에서 태어나고 희로애락을 겪으면서 자연의 섭리에 따라 살다가, 그 에너지가 다하게 되면 자연으로 돌아가는 과정을 거쳐서 우주의 품 안에 새로운 모습으로 존재할 것이다. 내가 살면서 최선을 다한 모든 업은 영혼 속에 저장되어, 우주에서 평가받게 될 것이고, 그것은 씨앗이 되어 언제 어느 곳에서 재탄생 될지 모른다. 죽는다고 영혼마저 사라지는 것이 아니다. 지금의 내 육신의 모습은 자연의 일부분으로 변하지만, 그 영혼은 잠들지 않고 영원히 그물에 걸리지 않는 바람처럼, 하늘에 흐르는 구름처럼 자유자재한 존재가 되어 유유자적하게 될 것이라고 생각한다. 그것을 대비해서 영혼을 더욱 성장시키는 수행에 정진해야 한다.

이 글은 표현도 어색하고, 두서없는 내용들이지만, 자신이 실천할 수 있는 것을 필요에 따라 편집한 것이다. 건강분야는 서울대학교 장수과학지도자과정에서, 명상과 불교에 대한 지식은 동국대학교 평생교육원에서 배운 내용들이다. 생사학, 죽음에 대한 것은 한림대학교 오진탁 교수로부터 배우고 있는 내용에서 인용한 것이다. 이 노트는 Well-Being을 위한 건강지식과 영혼의 성장을 위한 명상수행 그리고 Well-Dying을 위한 실천노트로 요약하였다. 그리고 생사학을 계속

공부하기 위해서, 내가 소장하고 있는 자료들의 제목과 컨텐츠와 죽기 전에 작성해야 하는 유서, 사전의료의향서 외에 참고 자료들을 부록으로 첨부하였다.

2018.01 眞性(진성) 박종헌

차례

제1장

Well-Being해야
Well-Dying한다

살아 있다는 것은 祝福(축복)이다.

老年(노년)을 당당하게 살아야 한다.

올바른 섭생과 규칙적인 운동

안전한 휴식과 명상수행

원만한 인간관계를 유지한다.

지나간 과거와 예측할 수 없는 미래는 생각하지 말라.

지금 여기에서 최선의 행복을 추구해야 한다.

그러나 萬事過猶不及(만사과유불급)이다.

盡人事待天命(진인사대천명)을 우주의 법칙으로 명심해야 한다.

思考(사고)는 行動(행동)을 支配(지배)하고

行動(행동)은 習慣(습관)을 支配(지배)하고

習慣(습관)은 性格(성격)을 支配(지배)하고

性格(성격)은 運命(운명)을 支配(지배)한다

인생에서
무엇이 중요한가?

한 어린이가 설날에 세배하러 가다 길에서 500원짜리 동전 하나를 주웠다. 그는 새해 첫날에 생긴 대단한 행운이라 여겼고 이런 행운이 계속되기를 바랐다.

그래서 그날부터 그는 혹시나 돈이 떨어져 있지 않나 하고 길을 걸을 때마다 밑을 보고 다녔다. 학교에 가서도 복도나 운동장에 동전이 떨어져 있지 않나 하는 데만 정신이 쏠렸다. 그게 버릇이 되어 그는 죽는 날까지 땅바닥만 보며 걸어 다녔다. 그 덕에 그는 500원짜리 동전을 수천 개나 주웠다. 임자 없는 100원짜리는 헤아릴 수도 없이 많았다.

그 대신 그는 비가 갠 다음의 하늘을 아름답게 수놓은 무지개나 장엄한 저녁노을을 단 한 번도 쳐다보지 못하고 말았다. 이 밖에도 그는 많은 것을 놓치고 말았다. 그는 새들의 즐거운 노랫소리도, 붉게 타오르는 단풍도, 거리에서 스쳐 지나가는 소녀들의 활짝 핀 웃음도 보지 못하고 말았다.

우리는 자칫 인생의 목표를 잘못 설정한다. 그리하여 허망하게 인생을 끝내기가 쉽다. 우리는 승진하고 돈 버는 일에 얽매여서 삶의 근본을 잃고 말기가 쉽다. 그래서 도약과 발전과 탈바꿈을 위한 모처럼의 기회마저 놓치고 만다. 우리는 탐욕에 집착한 나머지 인생의 중요한 것들, 값진 것들이 무엇인지를 모르고 세월을 허송하기도 한다.

우리는 앞을 향해서 매일 매년 새로운 삶을 시작한다. 우리는 뒤돌아보며 걸을 수는 없다. 아래만 내려다보아서도, 위만 쳐다보아서도 안 된다. 뚫어지게 앞을 내다보고 위아래 좌우를 번갈아 보며 걸어 나가야 한다.

우리의 삶은 한 번 지나가면 지우개로 지워지지 않는다.

印度人(인도인)의
人生四期論(인생사기론)

옛 인도 사람들은 인생을 사기로 구분했다고 한다.

제1기는 부모슬하에 의존해서 사는 의존기로서 힌두교의 經典(경전)을 읽히는 學習期(학습기)

제2기는 결혼해서 一家(일가)를 이루고 가족을 위해 일하는 家住期(가주기)

제3기는 아이들이 성장하면 얹혀 살지 않고 조용히 숲 속에 들어가 사색과 명상으로 지내는 林住期(임주기)로서 한국의 疏外期(소외기) 대신이다.

제4기는 林住期(임주기)에서 인생을 터득하면 부부가 동반하여 힌두교의 성지순례를 하는 遊行期(유행기)

인생사기가 바뀔 때마다 통과의례를 베푸는데 가주기에서 임주기로 옮겨갈 때는 사원에 들어가 일정의 수양을 거쳐 계를 받는 일인데, 이것은 자신이 자신의 인생에 걸었던 희망, 자식이나 이웃에 걸었던 기대나 욕망을 무상 속에 체념하는 통과의례인 것이다.

이는 釋尊(석존)의 가르침이 비범하게 뛰어났음도 이 시기의 인생무상을 실감나게 설법했기 때문인 것이다.

그리고 보면 우리 한국인의 인생도 제3주기에서 힌두식의 제4주기로 전환해야 할 때가 아닌가 싶다.

成功(성공)하는 인생의 3가지 습관

첫째는 개인의 승리이다.

모든 것을 자기 스스로 결정하고 매사에 主導的(주도적)이 되는 것이다.

목표를 확립하고 행동하기 위해서 비전과 가치관이 담긴 선언서를 작성한다.

일의 경중과 완급을 먼저 판단하여 소중한 것부터 먼저 한다.

두 번째는 대인관계의 승리이다.

상호이익을 추구해야 한다.

전쟁이 아니라 상호 승리의 철학을 선택하는 것이다.

경청한 다음에 상대방을 이해시킨다. 이때 공감적 경청기술을 발휘한다.

시너지(Synergy) 효과를 활용한다. 상호작용의 촉진을 통한 시너지의 창출이다.

셋째는 자신의 쇄신이다.

심신을 단련해야 한다.

균형적인 자기혁신으로 미래에 투자해야 한다.

人生(인생)과
老年(노년)

일본후생성이 공모한 50~60대의 호칭에서 實年(실년)이 결정됐다.

50~60대에는 인생에서 가장 충실한 나이로서 진실이 있고 알맹이를 거두는 세대로 가장 알맞은 명칭이라고 선택한 것이다.

현재까지는 40~50대를 중년, 60대 이상을 노년이라고 부르고 있는데, 50~60대는 어느 부류에도 들지 못하고 있어 호칭공백이 생겨나 이번에 공모했다는 것이다.

孔子(공자)는 74세까지 장수했는데 만년에 자신의 인생을 돌이켜 보고

15세에 배울 뜻을 세웠다 하여 志學(지학)

30세에 정신적으로나 경제적으로 자립할 수 있었다 하여 而立(이립)

40세에 나름대로 주관이 섰다 하여 不惑(불혹)

50세를 경계로 하여 수양시기에서 활동시기로 접어들고 있는데 이를 知命(지명)

60세에 세상의 사리가 알아졌다 하여 耳順(이순)

70세에 이르러서야 어떤 언동도 궤도를 벗어나지 않게 되었다 하여
從心(종심)이라고 했다.

禮記(예기)에는
50을 艾年(애년)
60을 知使(지사)
70을 古稀(고희)라 했다.

지혜로운
삶을 위하여

지혜란 무엇을 구할 것인가와 무엇을 피할 것인가에 관한 지식이다.

꼭 구해야 할 것들만 구하고 피해야 할 것들은 되도록 피하며 살자.

우리 자신에게서 얼마나 덜어낼 수 있는지 그리고 얼마나 우리 자신을 비워둘 수 있는지를 가늠해 보자.

삶이 우리 것이라면 죽음 또한 우리들의 것이 아니겠는가?

삶의 형식과 색깔은 서로가 다르다.

그러나 그 삶의 源流(원류)는 똑같다. 다만 그 삶을 어떻게 살아가느냐에 따라 삶의 형식과 색깔이 달라질 뿐이다.

자기 자신에 대하여 철저히 깨달음을 얻은 사람은 세상의 모든 것을 그대로 두고 즐겨볼 수 있다.

겸손하라, 겸손하라, 그리고 또 겸손하라.

왜냐하면 그대야말로 아직까지 위대하지 못하기 때문이다.

참으로 겸손할 수 있는 것은 자기완성의 토대를 넓혀가는 지름길이다.

자유로워지는 것

일상생활에서 일어나는 모든 일들을 스승으로 삼는다면 우리는 곧 자유로워지리라.

불필요한 저항이나 불필요한 욕망에서 오는 괴로움으로부터 자유로워지기 위해서는 자신이 누구이며, 어떤 사람 혹은 어느 때 어느 곳에선가는 아무것도 아닌 사람이란 것에 편안할 수 있어야 한다.

執着(집착)은 자신에 대한 가장 잔인한 행위이다.

사는 보람을 위한 자기계발

自己啓發(자기계발)의 목적은 변화에 적응하고 재능을 계발하고 인간성을 풍부하게 하여 결과적으로 사는 보람을 창조하기 위함이다.

사는 보람은 자기실현에서 생긴다.

이것은 자기 능력, 자기의 가능성을 일 속에서 실현해 가는 것을 말한다. 즉 완성된 일 속에 표현된 자기를 찾고 거기서 자기의 존재의미를 느끼는 것이다.

아무리 좋은 집에 살고 좋은 음식을 많이 먹고 최고급의 옷을 입고 다니더라도 거기에서 바로 사는 보람을 찾기는 어렵다. 그러나 그 집, 그 음식, 그 옷이 자기의 능력과 가능성을 최대한으로 실현한 결과일 때 그것은 그 사람에게 사는 보람을 느끼게 한다.

사는 보람은 뚜렷한 목표를 설정하고 그것을 향해 사기의 모든 노력을 기울이며, 최선을 다하는 과정과 결과에서 일한 보람과 성취감을 얻는 것이다.

성취란, 목표를 전제로 하기 때문에 사는 보람을 느끼기 위해서는 뚜렷한 목표의식을 가져야 한다. 현대사회의 비인간화, 인간소외가 인생의 목표를 상실시키는 경향이 있으나 그것에 도전하여 그 속에서도 우리는 인간심리에 대한 통찰과 자기노력으로 사는 보람을 창조해야 한다.

그것은 자기계발을 통해서만 가능한 것이다.

현대사회와
노인문제

현대를 살아가는 노인들이 고민해야 하는 것들

고도의 과학기술과 의학의 발전에 따라 수명이 연장되고 있다.

- 사회와 문화문명발전의 가속화에 비해 낙후된 의식구조
- 가치욕구의 다양화와 신세대 간의 심한 격차에서 오는 갈등
- 도시중심화와 핵가족의 결과에 따른 가정 내에서의 지도적 역할의 상실
- 여성교육수준의 고도화와 고부간의 심한 갈등
- 전통가정의 붕괴와 효 관념의 상실
- 직업의 전문화와 조기정년에 따른 경제적 주권 상실
- 핵가족과 개인주의적 생활환경에 따른 고독과 소외
- 경제성장과 여유시간 증대에 부응하지 못하는 여가선용 방법의 무지
- 새로운 시대 민주화의 진전과 사회정의실현의 개념 등 변화를 수

용하지 못하는 고정관념

• 생활정보의 IT구조에 따른 이해의 부족과 좌절의식

인생후반의 행복을 위한
웰에이징

노년은 당당하고 건강해야 한다. 사람이 사람답게 사는 것을 Well-being(참살이)라고 한다면, 사람답게 늙는 것은 Well-aging(참늙기)이고, 사람답게 죽는 것은 Well-dying(참죽음)이다. 웰에이징의 길을 찾기 위해서는 건강에 대한 올바른 지식과 통찰력과 지혜를 가져야 하고, 삶의 의미에 대해 올바른 이해가 있어야 한다.

우리 몸은 정직하다. 늙고 아프고 죽는 모든 과정을 있는 그대로 받아들이고 인정해야 한다.

늙는다는 것을 이해해야 한다. 아프다는 것도 생명을 지키는 중요한 수단임을 받아들어야 한다. 늙는다는 것은 생존을 위한 변화다.

노화는 아픔의 원인이 아니다. 노화현상과 병적 노쇠현상은 다르다. 노화와 암의 관계는 밀접하다. 그러나 암은 극복힐 수 있다.

죽는다는 것은 당연한 일이다. 예정된 수순인 세포의 죽음은 막을 길이 없다. 건강하게 장수하려면 지적 활동은 계속되어야 한다. 우리 몸은 정직하다. 장수는 음식, 운동, 수면 등 일상생활의 복합적인 결과에서 오게 되어 있다. 그래서 장수는 생명문화의 결정체이다.

생명은 현재진행형이다. 자연의 절대적인 가치인 생명을 극대화하도록 인간이 부여받은 생명의 5원칙이 있다.

첫째는 어울림, 둘째는 협동과 나눔, 셋째는 여유에서 우러난 멋, 넷째는 당당한 나이 듦, 다섯째는 남녀의 성차를 이해하고 부부가 백년해로하는 것이다.

장수는 생명을 가장 오래 유지하여 지켜나갔을 때 이루어진다.

백세인의 삶을 통해 정리한 장수를 위한 생명의 5가지 원칙은 움직여라, 적응하라, 정확하라, 느껴라, 생각하라로 요약된다.

내 몸과 생활습관의 개혁 프로젝트를 설계하고 실행하라.

웰에이징은 잘 늙어가는 것이다. 나이가 들어가도 당당하게 늙어가는 것이다. 그것이 장수에 이르는 길이다. 비교적 쉽게 효과를 얻을 수 있는 개인적 요인으로 첫째 몸을 움직이기(運動(운동)), 둘째 먹을거리(榮養(영양)), 셋째 남들과 어울리기(關係(관계)), 넷째 사회에 참여하기(參與(참여))가 있다.

무엇을 어떻게 먹을까? 나이가 들어가면 후각, 미각, 소화기능이 달라지기 때문에 먹는 음식도 달라져야 한다. 생체에 필요한 영양분의 비중도 변하기 때문에 식생활도 바꾸어야 한다. 균형 있는 식단의 개발이 매우 중요하다. 신선한 채소와 해산물을 먹어야 한다. 고기는 삶아서 먹는 것이 좋고, 성장기에 먹던 된장, 고추, 생강, 마늘 등 전통식단을 고려할 필요가 있다.

약용식물은 조심해야 한다. 부작용으로 심각한 위험을 당할 수도 있다. 금연은 필수이고, 절주를 통해 뇌와 간, 심장, 신장, 위 등을 보호해야 한다. 식사는 규칙적으로 소화시킬 수 있는 적당량을 하고, 영향을 위한 당질, 지질, 단백질 섭취도 조절해야 한다. 건강 다이어트의 핵심은 소식보다 균형과 절제 있는 식단이다. 過猶不及(과유불급)을 유념하고 영양소에 대한 편견을 버려야 한다.

운동은 질병을 예방하는 최고의 보약이다. 웰에이징의 전제 조건은 신체활동의 유지이다. 늙은 몸을 마음대로 움직이려면 운동을 해야만 한다. 노인의 바람직한 활동의 3가지 속성은 하고 싶은 일, 할 수 있는 일, 함께할 수 있는 일이다. 인생을 마라톤처럼 차분하고 끈기 있게 살아야 한다. 규칙적이고 자기 몸에 맞는 운동은 질병을 막아주고, 정신을 맑게 하여 삶의 활력소를 불러온다.

숙면은 장수를 위한 충분조건 중에 하나다. 숙면을 위해서는 적당한 운동과 음식조절 그리고 안정감 있는 잠자리, 명상, 수행 등의 규칙적인 생활습관이 필요하다.

건강하게 살려면 행복한 인간관계가 있어야 한다. 소중한 부부와 가족, 이웃, 친구와 함께 화목한 관계를 유지하기 위해서 스스로를 신뢰하고, 이타심을 행동으로 실천하고, 열심히 배워서 함께 나눠야 한다. 나이에 상관없이 어울리고, 사랑과 자비심으로 젊은이를 배려하는 언행을 보여야 한다.

배움은 장수의 필요조건이다. 생명이 있을 때까지 부지런히 배우는 자세로 진리를 추구하는 신사의 기질을 보여야 한다.[1]

---

1 박상철, 『웰에이징』, 생각의나무(2009)

노화와 건강에
관하여

노화의 현상학적 4원칙 (Strehler's 4 Principle)

누구에게나 보편적으로 초래한다.

지속적으로 진행하는 변화이다.

생명체 고유의 내재적 변화이다.

기능 저하와 형태적 변화이다.

노화의 보편성과 다양성

사람은 연령에 따라 동일하게 늙지 않는다. 노화의 시간적 결정성
에 한계가 있다.

한 사람의 장기도 동시에 늙지 않는다. 노화의 유전성의 한계이다.

노화의 비가역성과 불가피성(노화의 가소성)

노화의 증식반응 저하는 불가피하지 않다. 노화세포의 증식반응은

회복 가능하다.

노화의 형태변화는 비가역적 변화가 아니다. 노화세포형태는 변화와 복원이 가능하다.

노화의 퇴행성 비판(노화의 적응성)

노화는 죽기 위한 과정이 아니고, 생존을 위한 적응현상이다.

노화의 세포사멸저항은 횡막에서의 보호막형성에 기인한다.

노화의 새로운 생물학적 개념

비가역불가피성 노화개념의 탈피(증식회복, 형태복원)

노화의 의미는 생존과 증식의 치환성이다.

노화의 특성은 소통의 제한이다.

생명과학자가 제안하는 고령사회문제해법 원칙

소통과 관계증진(Get rid of barriers)

바꾸기가 아닌 고치기(Not replace, but Restore)

백세건강
10대 전략

매일 걷기, 충분한 야채·과일·생선·식물성 기름 섭취, 설탕·소
금·음주·흡연 절제, 칼륨 섭취 늘리기, 적절한 몸무게 유지

사회적 역할의 유지: 직업, 자원봉사 등의 활동 지속

건강 모니터링: 건강검진

행복 느끼기: 스트레스 관리, 적절한 수면, 오감의 균형

Smart Aging전략

지속 가능한 삶: 시대에 맞는 경쟁력을 갖춘 인생

스스로 관리하는 삶: 나의 힘으로 모든 것을 관리하는 인생

베풀 수 있는 삶: 시간과 경제적 여유를 주위에 나누어 주는 인생

재충전하는 삶: 의욕과 자신감으로 재충전하는 인생

주변 환경에 맞춰 사는 삶: 주변과 생각 맞추고, 어울리며 조화를 이
루는 인생

앨빈 토플러의 녹슬지 않는 인생(갈고 닦기 8가지 비법)

사색하고 메모하라.

호기심을 발산하라.

다르게 생각하라.

생각의 틀을 깨고 도전하라.

나를 디자인하라.

작은 행복을 즐겨라.

폭 넓게 사귀고 협력하라.

미래를 살펴라.

서울의대 박상철 교수

뇌 건강으로
치매를 예방해야 한다

완전한 건강이란 경제적인 건강과 정신적인 건강 그리고 육체적인 건강을 포함한다. 인지기능이란 우리의 뇌가 정보를 받아들이고 저장하고 응용해서 사용하는 기능으로, 기억력·지남력·추상력·학습능력·시공간지각력·계산력·언어력·판단력·계획성 등이다.

기억력은 기억장애, 인지기능은 인지기능장애(경도인지장애) 치매로 연결된다.

치매(Dementia)란 후천적으로 발생한 인지기능의 장애로서, 일상적인 직업활동이나 사회생활에 지장이 있는 경우이다. 치매는 특정한 질환명이 아니고 인지기능저하의 특정한 상태를 일컫는 말이며, 치매 정도에 많은 차이가 있다.

치매의 원인 질환들은 약 100여 가지의 원인질환에 의해 유발되는데, 그중에는 퇴행성 뇌질환, 혈관성 뇌질환, 이차치매질환 등이 있다.

퇴행성 뇌질환에는 알츠하이머병(60%), 전두측두치매, 루이치매, 기타 퇴행성 뇌 질환에 의한 치매가 있다.

뇌혈관질환에는 다발성 뇌경색치매, 겉질 밑 혈관치매, 뇌졸중 후 인지장애, 전략적 뇌경색 치매, 기타 뇌혈관 치매가 있다.

기타질환들로 감염(매독, 에이즈, 바이러스, 결핵균, 진균 등), **뇌출혈**(지주막하출혈, 경막하출혈 등), **비타민결핍, 대사장애, 전산소증, 중독증**(일산화탄소, 약물, 중금속 등), **두부외상, 종양**(뇌종양, 전이성 뇌종양 등), **알코올중독, 뇌수두증, 지속성 간질, 혈관염, 유전질환**(윌슨병, 헌팅톤병 등) 있다.

국내의 흔한 치매 질환들

알츠하이머병(Alzheimer's diseases), 루이치매, 전두측두치매, 겉질 및 혈관치매 등이고, 50대부터 시작하며 외견상 특성이 없고, 약물치료의 효과는 좋은 편이다.

알츠하이머병의 임상증상

인지기능장애, 이상행동 및 심리증상, 일상생활능력장애 등이 있다. 알츠하이머병의 문제행동 및 심리증상으로는 다음과 같은 것들이 있다.

정서장애: 불안, 우울, 무감정, 감정불안정, 병적감정, 공포

망상: 도둑망상, 배우자의심, 편집증, 과대망상

환각: 환시, 환청

행동이상: 상동성 행동, 수면장애, 식습관(과식), 공격성, 반복적 행동

알츠하이머병의 인지장애

물건이나 사람의 이름을 대기가 힘들다.

남들이 하는 말이나, 방송 내용을 이해하기 어렵다.

예전에 잘 다녔던 길에서 길을 잃는다.

물건 값을 계산하거나, 거스름돈 계산이 어렵다.

예전에는 잘 다루던 기구의 사용이 서툴다.

음식을 해도 예전의 맛이 안 나온다.

치매를 예방하려면

심심치 않아야 한다.

혼자서 보내는 시간을 최소화 한다.

정신적, 육체적 스트레스를 피한다.

몸을 건강하게 유지한다.

지속적인 교육 및 학습을 받는다.

고지혈증을 잘 다루어야
질병을 예방할 수 있다

나는 60대부터 고지혈증 약을 먹고 있다.

고지혈증은 혈액중의 지방(콜레스테롤, 중성지방)이 일정을 초과하여 높아진 상태이고, 동맥경화의 주 원인이 되며, 침묵의 병이라고 한다.

적절한 혈중 콜레스테롤 농도는

저밀도지단백(LDL, 나쁜 콜레스테롤)관동맥질환, 당뇨병환자: 100mg/dl 미만, 위험요인이 2개 이상인 경우: 130mg/dl 미만, 위험요인이 2개 미만인 경우: 160mg/dl 미만

고지혈증의 치료목적은

동맥경화의 진행을 막고, 최종적으로는 심근성색과 뇌경색을 예방하는 것이다.

고지혈증 치료는 고지혈증의 위험인자를 파악하고, 식사조절, 적절

한 운동과 약물치료를 병행해야 한다.

운동의 효과는

교감신경계의 활성, 인슐린 저항성 감소, 혈관탄력증가, 고밀도 콜레스테롤(HDL)의 증가가 일어난다.

최대 맥박수(220-자기 나이)의 50~90% 범위를 유지한다.

가급적 매일 꾸준히 걷기운동과 가벼운 운동을 계속해야 한다. 초기운동은 15~45분, 점차 늘려서 30~60분하고 운동 전후 준비 및 정리운동을 한다.

추운 겨울 이른 아침운동은 갑자기 차가운 외부 공기에 노출되면 혈관수축으로 혈압이 급상승할 위험이 높으므로 삼가야 하고, 따뜻한 실내에서 운동기구를 사용하는 것이 좋다.

내가 치매에
걸린다면

치매는 뇌세포가 점진적으로 파괴되어 인간기능 상실로 이어지면 종국에는 원시 동물 수준으로까지 퇴락하고 사망하는, 아직 현대의학으로 해결 방안을 찾아내지 못한 비참하고 비극적인 질환이다.

내가 만일 치매에 걸린다면 가족과 사회에 가급적 부담을 최소화하면서 생명의 존엄성을 유지하기 위해 다음과 같은 나의 간절한 뜻을 전달해야 한다.

들어가는 말

나는 나의 질병으로 인해 가족과 사회에 정신적, 경제적, 시간적 부담을 주는 것을 원하지 않는다. 이는 내가 이 세상을 살아오는 동안 간직해 온 중요한 나의 생활철학이자 가치관 중 하나이다.

나는 평소 생명의 존엄성과 명예를 중요하게 여기면서 살아왔으며 나의 생명 말기에 인간으로서 존엄성을 유지하면서 이 세상을 하직하기를 희망해 왔다.

그러나 불행하게도 내가 치매에 걸린다면 판단력 상실로 나의 생활 가치관과 생명의 존엄성을 유지하기 어려울 것에 대비하여 미리 이 글을 가족과 요양기관 그리고 관련 윤리적 법적 전문가들에게 남겨 나의 생활가치관과 생명이 존엄성을 끝까지 유지하는 데 도움받기를 원한다.

가족과 요양기관에게

병이 경증이어서 일상생활에 큰 지장이 없는 경우 가족과 함께 지내기를 바라며 가능한 병의 진행을 지연시키기 위한 노력을 해 주기 바란다.

만일 나의 병이 中等度(중등도)에 이르고 가족 중 누군가가 전적으로 나를 돌보아야 할 정도로 병이 진행된다면 주저하지 말고 경제적으로 큰 부담이 되지 않는 적절한 수준의 요양기관에 입원시켜 주기 바란다. 요양기관 입원은 요양과 간호를 전문으로 하는 기관에 의뢰하는 것이므로 조금도 불효라는 생각을 갖지 말기 바란다.

병의 경과가 重症(중증)으로 진행되어 가족을 알아보지 못하고, 스스로 변도 가리지 못하며, 간병에 어려움을 주는 이상한 행동을 보일 때는 연명을 위한 모든 치료를 중단하고 생명 유지를 위한 최소한의 음식만 공급해 주기 바란다.

의료윤리 및 법 전문가들에게

이러한 나의 뜻을 실행하는 과정에서 윤리적 법적인 문제가 발생한다면 관련 전문가들은 이를 원만하게 해결하는 데 도움을 주기 바란다.

작성일자

성명

자아실현을 한 사람의
성격적 특징

매슬로우(A. Maslow)**는 자아실현을 한 사람의 특징을 다음과 같이 분류하였다.**

- 현실에 대한 효율적 지각

  다른 사람이나 사물을 자기가 원하는 방식으로 보지 않고 있는 그대로 본다. 그에게는 편견과 선입견이 없다.

- 자기와 타인 및 자연에 대한 수용

  자기의 장점이나 단점을 있는 그대로 받아들인다. 타인의 단점도 수용적이고 너그럽다. 자연을 지배하고 개발하는 대상으로 보지 않고 자연 그 자체를 존중해야 할 대상으로 본다.

- 자발성·솔직성 및 자연스러움

  자신의 감정을 솔직히 표현하고 자연스럽게 행동한다. 그래서 다른 사람들이 그를 신뢰하고 그와 함께 있으면 평화와 즐거움을 느낀다.

- 문제중심적인 태도

  자기에게 주어진 일에 책임감이 있고, 단순히 생계를 잇기 위해서 일하거나 행동하는 것이 아니라, 뜻을 품고 일을 하며 행동한다.

- 초연함·사생활과 독립에의 욕구

  맹목적으로 다른 사람의 가치와 행동·지시를 따르지 않고 자율적으로 행동한다. 다른 사람에게 의존하지 않고 군중심리에도 잘 휩쓸리지 않으며, 종종 홀로 있기를 즐긴다. 때문에 비사교적·개인적이라는 비난을 받기도 하지만, 남을 도울 때는 헌신적이다.

- 자율성

  자신의 내면에서 만족과 행복을 얻기 때문에 외부의 것에 영향을 받지 않는다. 권력이나 富(부), 성공 등을 부정하지는 않지만 그것에 집착하지도 않는다.

- 계속적인 신선한 인식

  반복되는 같은 일이나 상황에서도 즐거움과 경외감을 느끼고, 항상 새로운 의미를 찾을 줄 안다. 그래서 보통 사람들이 희열을 느끼지 못하는 사소한 일에서 희열을 느낀다.

- 절정경험 혹은 신비경험

  인생에서 무아경과 환희의 순간 등 절정경험을 즐기고, 열정적인 감정의 고양을 경험한다. 그리고 자아를 초월하여 세상과 인생을 관조한다. 자아실현을 경험하지 못한 사람들은 흔히 술이나 마약으로부터 절정경험을 하려고 한다.

- 사회적 관심

  다른 사람에게도 관심과 애정을 가지고 있으며, 몸담고 있는 사회에도 정의에 기초한 관심을 가지고 있다.

- 대인관계

  다른 사람을 사랑할 때 "결핍사랑"을 하지 않고, "존재사랑"을 한다. 이익이나 목적을 위하지 않고 인간자체에 대한 존중심에서 남을 사랑한다. 그리고 인간성을 중요시하며 위선적이거나 거만한 사람들에 대해서는 그 거짓을 폭로하기도 한다.

- 민주적인 성격구조

  자신을 존중하는 것과 같이 타인을 존중하고 그 신분·종교·性(성)·교육수준·인종에 관계없이 모든 사람에게 관대하고 수용적이다.

- 수단과 목적의 구분

  목적을 위하여 수단을 합리화하지 않으며, 자신의 윤리적·도덕적 기준에 따라 말하고 행동한다.

- 유머감각

  철학적인 유머감각이 있고 그 유머는 타인에게 상처를 주거나, 그 사람을 웃음거리로 만들지 않으며, 의미와 재치가 담겨 있어, 이해하고 나면 누구나 미소 짓는 유머이다.

- 창의성

  독창적인 창의성이 있는데 예술분야가 아니라도 일상생활에서 창의성을 보인다.

- 문화적 동화에 저항감

  사회적인 규범과 관례를 존중하고 따르지만, 도덕적으로나 윤리적으로 잘못된 규칙과 규범에는 도전한다.

  자아실현을 한 사람은 공기와 같이 자유롭고, 평화로운 사람이고, 달관의 경지에 도달한 道人(도인)이다. 자아실현은 부단한 깨달음을 통해서만 얻어진다. 자아실현의 성격을 "치유성격"이라고 부르는데 자아실현을 한 사람은 자신뿐만 아니라, 다른 사람의 상처도 치유하는 능력을 가진다.

정신이 건강한 사람의
조건

인생의 목적이 뚜렷하고

타인에게 의존하지 않고

현실을 그대로 보고, 어려움이 있으면 극복해낼 수 있고

자신의 처치에 맞는 행동을 하고

다른 사람의 입장을 이해하며

맡은 일을 하는 데 있어서 지속적이고 인내심이 있으며

인생의 즐거움을 여러 가지로 얻을 수 있고

자신의 한계를 인정하고 받아들일 수 있다.

정신이 건강해지는 습관 만들기

- 반응을 건강하게 한다.
- 부탁과 거절에 자유롭도록 노력한다.
- 인사를 잘한다.

- 거짓말을 하지 않는다.

- 약속을 꼭 지킨다.

- 남과 비교하지 않는다.

- 대화를 잘하도록 노력한다.

- 공평하게 한다.

- 인간관계를 단절하지 않는다.

- 여유 있는 마음을 가진다.

- 시야를 넓게 가진다.

- 공감능력을 기른다.

- 생각을 줄이고 현실에 충실한다.

- 지혜를 기른다.

- 자신에게 도움이 되는 일을 한다.

- 독서를 통해 간접경험을 쌓는다.

- 즐거운 일을 나중에 한다.

- 끝으로 자기 형편에 맞게 산다.[2]

---

2   전현수, 『생각사용설명서』, 불광출판사(2012)

제2장

人間關係論
(인간관계론)

오직 한 사람으로 태어나서
더불어 살다가 혼자 떠나는 게 인생이다.

만남은 하늘이 내린 인연이고
그 관계에 대한 책임은 사람에게 있다.

지혜로운 사람은 인간관계가 원만하여
상생작용으로 행복을 창조한다.

인간이해를 위한
기초

인간관계에 대하여

인간을 어떠한 존재로 어떻게 볼 것인가? 인간이해를 위해서는 정확한 인간관이 필요하다. 왜냐하면 관점에 따라서 대인관계와 인생관이 달라지기 때문이다.

올바른 인간관, 즉 사실에 입각한 과학적인 인간관을 확실하게 몸에 지니는 것이 사회인으로서, 직장인으로서 그리고 보다 진실하게 살아가는 개인으로서 중요한 일이다.

인간은 계속해서 변화, 발전하는 존재이다

어느 한 개인이 어느 시점에서 성장·발전이 끝나는 것이라고 단정할 수 없다. 단지 그 시점에서 향상이 나타나지 않는 것뿐이다.

인간은 생존하고 있는 한 변화를 계속하고 있으며 본인에게 알맞은 조건만 갖추어진다면 죽음에 이르기 직전까지 발전향상이 가능한 존재이다.

개인은 독자적인 존재이다

인간은 만인부동이고 어느 누구도 대신해 줄 수 없는 유일한 유한 적 존재이다.

개인각자의 욕구, 가치관, 사고방식, 의사표시 등이 존중되지 않으 면 안 되므로 각자의 개성, 특성, 현상에 알맞은 대응이 필요한 것이다.

인간은 주체성을 지닌 존재이다

모든 인간에게는 자유의사가 있으며 개인 나름대로 자신의 생각이 나 판단에 따라서 사물에 대처하고 있다.

주체성은 스스로 움직이는 내면의 힘으로 자유성과 함께 그 사람의 환경과 마음가짐에 따라 성장이 달라지므로 개인차가 있다.

인간은 양면가치를 가진 존재이다

인간은 선행을 하기도 하고 악행을 하기도 한다. 단지 선악의 정도 와 비율이 다른 것뿐이다.

누구에게나 잘하는 것과 못하는 것이 있어서 전지전능이란 없는 것 이다.

인간은 상호영향을 주는 존재이다

인간은 상호작용을 통해서 성장과 발전을 추구하게 되며 어떤 사람 이든 일방적으로 영향을 주거나 받기만 하는 일은 없다.

서로 간에 주고받는 영향은 좋은 것도 있고 나쁜 것도 있다. 효율적인 관계에서는 서로 유익한 협력을 하게 된다.

짧은 인생
긴 인생

로마의 철인 세네카는 "만일 당신이 주의해 보면 인생 최대의 부분은 자기가 생각하고 있는 동안에 지나가고, 많은 부분은 아무것도 하지 않는 동안에 지나갔다. 전생에는 다른 일을 하고 있는 동안에 지나가 버린다는 것을 깨달을 것이다."고 말했다.

인생 자체는 결코 순간이 아니라 충분히 긴 것이지만, 대부분의 사람들은 헛되이 낭비하다가, 마침내 인생의 마지막 순간에 와서야 비로소 인생이 이미 지나가 버렸다는 것을 깨닫게 된다는 것이다.

우리는 우리의 마음 여하에 따라 인생을 짧게도, 그리고 길게도 살 수 있다. 그러나 자칫하면 인생이 '생각하는 동안에', '아무것도 하지 않는 동안에', '다른 일을 하고 있는 동안에' 가 버리게 된다.

트라야우스 황제의 궁인이었던 시밀리스라는 사람은 아무런 불편도, 불행한 일도 없이 편히 살다가 관직에서 물러나 시골에서 여생을 보냈다. 그러나 그는 임종할 때 묘비에 "나는 땅 위에 76년을 머물렀고, 7년을 살았다."는 유언을 남겼다고 한다.

곧 76년간은 주체자로서의 자기가 아닌 타인의 삶을 살았고, 겨우 7년 동안만 진실한 자기의 삶을 능동적이며 적극적으로 살았다는 의미일 것이다.

인생은 과정이 중요하다고 말한다. 그 가운데서 목표를 가지고 보람을 느끼며 살아가는 것이 바람직할 것으로 생각한다. 하루는 24시간이다. 시간은 원래 인위적으로 구분한 것이지만, 하루를 목표 없이 보내는 것보다는 목표와 계획을 세워, 알차게 보내는 것이 삶의 보람을 얻는 길이라고 생각한다.

어떻게 보람 있는 시간을 갖느냐에 따라서 인생의 승부가 결정되는 것이 아닐까.

참다운 인격자를
측정하는 尺度(척도)

진정한 인격자란, 최고의 모범적인 성격을 지닌 인간이다. 참다운 인격자를 의미하는 상징어로써 우리는 '君子(군자)'라는 말을 사용한다. 이 '군자'라는 호칭은 어느 시대이건 지위나 권세의 상징으로 간주되어 왔다.

"군자는 항상 군자로써 困難(곤란)이나, 위험에 직면하게 되면, 즉시 그 본분을 유감없이 발휘하는 것이다."

프랑스의 노장군은 부하 병사에게 이렇게 말했다. 군자의 강인한 성격은 그 자체가 위엄인 것이다.

그러므로 고결한 정신의 주인공은 군자에 대해서 본능적으로 공경의 뜻을 표하는 것이다. 허울 좋은 훌륭한 인물에게 좀처럼 머리를 숙이지 않는 사람들조차도 군자에게는 존경심을 갖게 되는 것이다.

진정한 인격자인가, 아닌가는 복장이나 생활양식이나 태도가 아니라, 도덕적 가치에 의하여 결정된다. 그것은 재산이 아니라, 인품이 그

판단기준이 되는 것이다.

구약성서 중 『詩篇(시편)』에 "참다운 인격자는 올바르게 걸으며, 의를 행하며, 마음속의 진실을 말한다."라고 기록되어 있다.

진정한 인격자는 자존심이 두터우며, 무엇보다도 스스로의 품성에 비중을 무겁게 둔다. 그리고 남에게 보이는 품성보다도, 자신만이 볼 수 있는 품성을 더욱 중요시하는 것이다.

더욱이 인격자는 자신을 존중하는 것과 똑같은 이유로써 남을 존경한다. 그에게 있어서 인간성이란, 절대적으로 신성한 존재로서 침범할 수 없는 것으로 생각된다.

그리고 이와 같은 생각을 근거로 예절이나 관용, 사려나 자비심이 생겨나는 것이다.

인간관계를 좋게 하는
기본적인 사고

첫째는 자신을 안다는 것과, 자신을 반성한다는 것이다.

자신을 알려고 하는 노력, 즉 자기발견에 집념을 가져야 한다. 자기의 성격과 능력에 대하여 자기의 장점과 단점에 대한 참모습을 알고 있어야 한다. 또한 자기가 자신을 보는 것과 주위 사람들이 자기를 보는 것과는 차이가 있다. 다른 사람이 자기를 어떻게 평가하고 있는가, 어떤 점을 싫어하고 있는가를 알지 못하는 것은 매우 어리석은 것이다. 만약 직장의 사람들이 모두 자기 자신을 정확히 알고 있다면, 그 직장의 인간관계는 매우 좋을 것이다.

둘째는 상대방의 입장을 이해하고 상대방의 자존심을 손상시키지 않는 것이다.

우리들은 흔히 자신을 알려고 하지 않는 것처럼, 상대방에 대해서도 무관심한 경우가 많다. 상대방을 깊이 알아야 그의 욕구, 특성, 생각 등을 이해하게 되고, 따라서 상대방의 마음과 자존심을 손상하지 않게 되는 것이다.

셋째는 서로 협력하고 서로 도와주는 것이다.

직장의 모든 일은 서로 연관되어 있고, 상호영향을 미치고 있기 때문에 각자의 맡은 일을 충실히 수행하면서 다른 사람에게 적극적으로 협조하고 협력하여야만 목표를 달성하게 된다. 직장에서 평이 좋은 사람은 주위 사람들에게 협력을 아끼지 않는 사람들이라고 할 수 있다. 자기의 일만 생각하고 주위 사람에게 협력하는 태도가 부족하게 되면 열심히 일하는 데 비하여, 인정을 다 받지 못하게 된다.

넷째는 서로 의사소통을 잘 해야 한다.

말이나 문서를 통하여 서로의 생각이나 감정을 상대방과 주위 사람들에게 전달하는 것은 인간에게만 주어진 편리한 방법이다. 서로가 생각하고 있는 것, 느끼고 있는 감정을 주고받으면서 꽉 막혀 있던 문제가 해결되거나, 정체된 관계의 흐름이 원활하게 되는 일은 흔히 경험하는 일이다. 인간관계의 문제란 서로 외면하고서는 해결되지 않는다. 자진해서 대화를 나누고, 서로의 생각을 교환하고 의논하여 하고 싶은 말을 하는 데서 실마리가 풀리게 된다.

인간관계를
나쁘게 만드는 요인

자기중심적 사고방식

이기주의, 편의주의적 '민주'와 '평등'

만인부동의 個人(개인)을 일치시키려 한다.

상대방에 대한 지나친 기대감

준 만큼 꼭 받을 수는 없는 것이다.

나도 타인도 언제나 완벽한 것은 아니다.

상대방을 불신하는 경향

보이지 않는 것, 잡히지 않는 것을 불신한다.

사람은 믿는 대로 행동한다.

상대방의 기분을 이해하지 않는 것

마음을 알지 못하면, 대화를 할 수 없다.

사람은 모든 것을 생각한 대로 표현한다.

자신을 반성하지 않는 것

나를 모르면 자기표현을 잘 할 수 없다

행동과 습관을 바꾸지 못한다.

맑고 밝은
말 한마디

부주의한 말 한마디가 싸움의 불씨가 되고,

잔인한 말 한마디가 삶을 파괴할 수 있다.

쓰디쓴 말 한마디가 증오의 씨가 되고,

무례한 말 한마디가 사랑의 불을 끈다.

은혜로운 말 한마디가 길을 평탄하게 하고,

즐거운 말 한마디가 하루를 빛나게 한다.

때에 맞는 말 한마디가 긴장을 풀어주고,

사랑의 말 한마디가 행복감을 주기도 한다.

따뜻한 말 한마디가 생활을 윤택하게 하고,

찬사의 말 한마디가 생명의 빛을 비춰준다.

격려의 말 한마디가 용기와 희망을 갖게 하고,

사죄의 말 한마디가 용서와 아량을 베풀게 한다.

양해의 말 한마디가 밝은 사회를 만들고,

감사의 말 한마디가 아름다운 세상을 만든다.

습관적으로 저지르는 8가지 過誤(과오)

자기 할 일이 아닌데 덤비는 것은 做錯(주착)이라 한다.

상대방이 청하지도 않았는데, 의견을 말하는 것은 妄靈(망령)이라 한다.

남의 비위를 맞추려고 말하는 것을 阿諂(아첨)이라 한다.

시비를 가리지 않고 마구 말하는 것을 分數(푼수) 적다고 한다.

남의 단점을 말하기 좋아하는 것을 讒訴(참소)라 한다.

남의 관계를 갈라놓는 것을 離間(이간)질이라 한다.

나쁜 짓을 칭찬하여 사람을 타락시킴을 奸慝(간특)하다고 한다.

옳고 그름을 가리지 않고, 비위를 맞춰 상대방의 속셈을 뽑아보는 것을 陰凶(음흉)하다고 한다.

인도의 속담
『그와 나』

만일 그가 그의 일을 끝내지 않았으면 그는 게으르다고 하고,

내가 일을 끝내지 않았다면 나는 너무 바쁘고 일에 눌려 있기 때문이라고 한다.

만일 그가 다른 사람에 관해서 말하면 수다쟁이라 하고,

내가 다른 이에 관해서 이야기하면 건설적인 비판을 한다고 한다.

만일 그가 자기 관점을 주장하면 고집쟁이라고 하고,

내가 그렇게 하면 개성이 뚜렷해서라고 한다.

만일 그가 나에게 말을 걸지 않으면 콧대가 높다고 하고 ,

내가 그렇게 하면 그 순간에 복잡한 다른 많은 생각을 하고 있었기 때문이라고 한다.

만일 그가 친절하게 하면 나로부터 무엇을 얻기 위해 그렇게 친절하다고 하고,

내가 친절하면 내 유쾌하고 좋은 성격의 한 부분이라고 한다.

그와 나는 이렇게 다르니 얼마나 딱한가!

왜 나를 그와 다르다고 생각하는가?

의사소통의
걸림돌

상대방이 어떤 문제로 고민하고 있을 때

다음과 같은 방법으로 조언하거나 지도하는 형태로 개입하거나

사실을 알아내기 위한 질문을 하게 되면

감정의 격화로 문제가 커지며 서로의 대화에 방해가 된다.

- 명령이나 강요하는 것
- 경고와 위협적인 말
- 훈계나 설교하는 것
- 충고 또는 해결방법을 제시하는 것
- 논리적인 설득이나 논쟁을 벌리는 것
- 비판, 비평, 비난하는 태도
- 찬성과 칭찬
- 욕설과 조롱

- 분석하고 진단하는 것
- 동정 또는 위로하는 것
- 캐묻기와 심문하는 말투
- 갑자기 화제를 바꾸거나 빈정거리거나 후퇴하는 것
- 무조건 반대하거나 거부하는 것
- 다른 사람과 비교하는 것

성격갈등은
왜 일어나는가?

다른 것은 다를 뿐인데, 틀린 것으로 단정한다.

본래 성격에는 좋고 나쁨이 없다.

불편해하고, 수용하지 않고, 자기와 같아지기만을 바라기 때문이다.

이상적인 훌륭한 성격이란?

특정한 유형의 성격이 아니라, 다른 유형의 성격을 얼마나 배려하고 수용하는 성격인가를 의미한다.

나─전달법의 3요소

무비판적인 행동을 서술한다.

(네가   )

구체적이고, 직접적인 행동을 서술한다.

(나는 너의   )

일차적인 적합한 느낌을 서술한다.

(그래서 나는   )

즉, 나─전달법은 상대방의 행동이 나에게 끼친 영향과 상대방의 행동에 대하여 그 행동에 대한 나의 느낌을 표현하는 것이다.

제3장

一切唯心造
(일체유심조)

내 마음이 三世(삼세)의 運命(운명)이다.

탐욕은 病死(병사)의 지름길이다.

보고 듣고 느끼는 것들은 분석·평가·판단하지 말라.

생각은 내려놓고 마음을 고요히 하면 제대로 보이고 모든 것이 이루어진다.

靈的(영적) 能力(능력)을 開發(개발)하여 百尺竿頭(백척간두) 進一步(진일보)하라.

고요하면 맑아지고

맑아지면 밝아지고

밝아지면 보인다.

　　一성철一

날마다 일어나는
기적

코를 꼭 잡고 입을 열지 않은 채 얼마쯤 숨을 쉬지 않을 수 있는지 참아 보십시오. 30초를 넘기기가 쉽지 않습니다. 숨을 쉬지 않고 참아 보면 그제야 비로소 내가 숨 쉬고 있다는 걸 알게 됩니다. 그런데 여러분은 숨을 쉬려고 노력했습니까?

훗날 병원에 입원해서 산소 호흡기를 끼고 숨을 쉴 때야 비로소 숨 쉬는 게 참으로 행복했다는 걸 알게 된다면 이미 행복을 놓친 것입니다.

뛰는 맥박을 손가락 끝으로 느껴 보십시오. 심장의 박동으로 온몸 구석구석 실핏줄 끝까지 피가 돌고 있다는 증거입니다. 그런데도 우리는 날마다 무수히 신비롭게 박동하고 있는 심장을 고마워했습니까?

우리는 날마다 기적을 일구고 있습니다. 심장이 멈추지 않고, 숨이 끊이지 않는 기적을 매일매일 일으키고 있는 것 입니다.

이제부터는 아침에 눈을 뜨면 벌떡 일어나지 말고, 20초 정도만 자신의 가슴에 손을 얹고 읊조리듯 말하십시오.

첫째. 오늘도 살아 있게 해 주어서 고맙습니다.

둘째, 오늘 하루도 즐겁게 웃으며 건강하게 살겠습니다.

셋째, 오늘 하루 남을 기쁘게 하고 세상에 조금이라도 보탬이 되겠습니다.

그렇게 서너 달만 해 보면, 자신이 놀랍도록 긍정적으로 변했음을 발견할 것입니다.

물론 말로만 하면 자신에게 거짓말한 것과 다르지 않습니다. 가능하면 말한 대로 실행하십시오. 그러면 잔병치레도 하지 않게 됩니다. 아픈 곳에 손을 대고 읊조리면 쉽게 낫거나 통증이 약해지기도 합니다.

당신은 1년 후에 살아 있을 수 있습니까? 1년 후에 우리 모두 살아 있다면 그것이 바로 기적입니다. 그러나 반드시 살아 있어야 합니다.

살던 대로 대충, 그냥 그렇게 사는 것이 아니라 잘 웃고, 재미있게, 건강하게, 행복하게, 신나게, 세상에 보탬이 되는 사람으로 살아 있어야 합니다.

지금의 자신을 면밀히 살펴보십시오. 내 육신을 학대하지 않았는가, 마음을 들쑤시지는 않았는가 돌아보아야 합니다. 몸이 원하는 것 이상의 음식을 먹는 것도 학대이며, 몸이 요구하는 편안함을 거부하는 것도 학대이고, 몸을 부지런히 움직이지 않는 것도 학대입니다.

당신의 뇌를
점검하라

나의 뇌기능을 최적화하고 삶에서 원하는 것을 유지하기 위해서 뇌의 관리에 최선의 노력을 해야 한다.

뇌를 위해서 해야 할 것들

- 위험한 상황이나 장소에는 꼭 헬멧을 착용한다.
- 신체 균형을 유지하기 위해서 물을 많이 마신다(200ml의 잔으로 매일 6~8잔).
- 뇌가 필요로 하는 양질의 단백질과 탄수화물을 적당히 섭취한다.
- 긍정적이고 건강한 사고를 한다.
- 부정적 사고를 없애기 위해 자기 내부의 통제자를 사랑하고 길러 단련시킨다.
- 매일 삶에 감사하는 시간을 갖는다.
- 긍정적이고 사기를 북돋워 주는 사람과 시간을 보낸다.

- 당신이 되고자 하는 사람과 시간을 보낸다.
- 보다 쉽게 다가서고 변연계의 유대를 고양시키기 위해 대인 기술을 활용한다.
- 사랑스럽고 유용한 방식으로 타인과 대화한다.
- 좋은 향기에 둘러싸인다.
- 경이로운 경험을 담은 책을 만든다.
- 타인의 삶과 차별화한다.
- 사랑하는 사람과 규칙적으로 접촉한다.
- 복식 호흡을 배운다.
- 명상과 자기 최면을 배우고 매일 활용한다.
- 갈등 상황을 효과적으로 직면하고 다룬다.
- 인생의 뚜렷한 목표(관계, 직업, 돈 및 자기 자신에 대해)를 발전시키고, 매일 그것을 재확인한다.
- 싫어하는 것보다는 좋아하는 것에 보다 초점을 둔다.
- 삶의 의미, 목적, 흥분 및 자극제를 갖는다.
- 타인과 빈번히 눈을 맞추고 미소를 보낸다.
- 뇌 기능을 최적화하기 위해 뇌파 바이오피드백이나 시청각적 자극을 고려한다.
- 자신이 집착하게 될 때를 깨닫고, 주의를 분산시킨 후에 다시 문제를 돌아본다.
- 자동적으로 '아니오'라고 말하기 전에 답변을 충분히 생각한다.
- 자신이 집착하고 있다고 느낄 때, 대안과 해결책을 글로 써 본다.
- 꽉 막혔다고 느낄 때 타인의 상담을 구한다(종종 꽉 막힌 느낌을 말하는

것만으로도 새로운 대안이 생긴다).

- 반복되는 사고로 괴로울 때마다 매일 '평온의 기도'를 기억하고 암송한다.
  - 주님, 제가 바꿀 수 없는 것들을 받아들일 수 있는 평온함과 제가 바꿀 수 있는 것을 바꿀 수 있는 용기 그리고 그 차이를 알 수 있는 지혜를 주소서.
- 집착하고 있는 사람을 설득하는 일이 어려울 때는 휴식 시간을 가진 후에 다시 시도해 본다.
- 선천적으로 적대적인 아이들 앞에서는 확고하고, 친절하며, 권위적인 행동을 취함으로써 당신을 조심하게 한다.
- 매일 뭔가 새로운 것을 배운다.
- 기억력을 높이는 기술을 증진시킨다.
- 부를 수 있다면 언제든지 노래 부르고 콧노래도 한다.
- 삶의 일부인 아름다운 음악을 만든다.
- 삶의 일부인 아름다운 향기를 맡는다.
- 타인과 자주(적절히) 접촉한다.
- 배우자와 즐거운 성관계를 갖는다.
- 리듬에 맞춰 움직인다.
- 필요하면 숙련된 심리 치료사와 상담을 한다.
- 외상을 다루기 위해 눈 움직임 둔감화 및 재처리 과정 심리 치료를 활용한다.
- 머리 부위의 손상을 심각하게 다룬다. 아주 사소한 것일지라도.
- 주치의의 감독하에, 필요하면 약물을 복용한다.

- 주치의의 감독하에, 필요하면 허브 약초 요법을 사용한다.
- 물질 남용자의 경우, 기저의 뇌 문제를 고려한다.

뇌를 위해 하지 말아야 할 것들

- 아이를 고립시킨다.
- 임신기에 알코올, 담배, 약물 혹은 많은 양의 카페인을 사용한다.
- 집에서 뒹굴고 운동을 하지 않는다.
- 뇌진탕을 무시한다.
- 흡연한다.
- 카페인을 많이 사용한다.
- 술을 많이 마신다.
- 약물을 남용한다(주의력 결핍 장애를 위한 처방 용량이 아닌 경우 헤로인, 흡입제, 머시룸, PCP, 마리화나, 코카인, 메탐페타민은 안 된다).
- 뇌에 가장 좋은 음식이 무엇인지에 대해 아무런 생각 없이 먹는다.
- 안전벨트를 착용하지 않고 운전한다.
- 헬멧을 쓰지 않은 채 오토바이, 자전거, 스케이트보드, 인라인 스케이트, 스노보드 등을 탄다.
- 머리로 축구공을 친다.
- 좌절할 때 머리를 쿵 찧는다(머리를 쿵쿵 찧는 아이들의 머리를 보호하라).
- 번지점프를 한다.
- 약물을 하거나 싸움을 하거나 혹은 다른 위험한 활동에 관련된 사람들과 많은 시간을 보낸다.
- 흥분을 고조시키기 위해 거칠게 숨을 몰아쉰다.

- 흑백논리로 생각한다.

- '항상', '결코', '매번', '누구나'와 같은 말로 생각한다.

- 최악을 예측한다.

- 자신의 감정만을 생각한다.

- 근거 없이 타인의 마음을 지레짐작하려 노력한다.

- 자신의 문제로 타인을 비난한다.

- 부정적인 용어로 타인이나 자신을 부른다.

- 죄책감으로 타인이나 자신에게 상처를 준다.

- 자신과 무관한 상황을 자기 일로 받아들인다.

- 배우자에게 성을 무기로 사용한다.

- 증오스런 방식으로 타인과 대화한다.

- 중독성이 강한 냄새에 둘러싸인다.

- 중독된 인간들에 둘러싸인다.

- 자신에 대해 타인이 뭐라고 생각할지에 대해 지나치게 초점을 맞춘다(기이한 일은, 사람들은 당신에 대해 전혀 생각하지 않는다는 것이다).

- 삶에 대한 아무런 방향과 계획 없이 그저 산다.

- 다른 사람으로부터 자극이 될 만한 소지를 찾아낸다.

- 머릿속에서 생각을 반복해서 하고 또 한다.

- 다른 사람에게 자동적으로 '아니오'라고 말한다.

- 다른 사람에게 자동적으로 '네'라고 답한다(다른 사람의 요구가 자신의 목적에 부합한지 먼저 생각하라).

- 집착하고 있는 사람과 논쟁한다.

- 걱정이 많고 우울하거나 공포에 사로잡혔을 때 자신을 고립시킨다.

- 중독적인 음악을 듣는다.

- 자가 약물 치료를 한다.

- 문제가 있다는 사실을 부인한다.

- 당신에게 도움을 주려고 애쓰는 사람의 말을 듣는 것을 거부한다.

- 사랑하는 사람에게 부정적인 감정을 표현하기 위해 사랑, 접촉 그리고 우호적인 행동을 하지 않는다.

용타스님의
구나·겠지·감사

내 마음을 잘 다루어야 행복해진다.

과거부터 잘못 길든 습관성·패턴·고정관념 등의 태도를 수련을 통해서 바꾼다면 인생의 괴로움을 해결하는 데 도움이 될 수 있다.

예를 들어 100점 받기를 원하던 아들의 성적이 70점을 받아온 성적표를 보는 순간, 나쁜 성적 때문에 괴로워하는, 길들여진 태도에 휘둘림을 당하기 전에 얼른 정신을 차리고 새로운 삶의 원리를 학습함으로써 기존의 집착에서 벗어날 수 있다. 그 좋은 방법이 현상 받아주기의 수용이다.

수용이란 2가지 의미가 복합되어 있다고 본다. 즉, 존재론적 기초에 가치론적 긍정분위기가 스며 있는 개념이 수용인 것이다. 존재론적 認知(인지)과정에는 是非(시비)·善惡(선악)·美醜(미추) 등의 가치론적인 평가·판단이 들어가지 않는다.

그냥 현재의 사실을 받아들이는 것이다. 여기에 긍정적인 분위기(긍정적 평가·우호적 감정 등)가 가미되어 수용은 진행된다. "응, 그래. 내 아들이 70점을 받았구나. 70점을 받아 올 때는 그럴만한 어떤 사정이 있겠지. 70점도 아주 낮은 성적은 아니지 않은가? 특별히 문제를 일으키지 않고 건강하게 잘 자라주는 것만으로도 너무 감사하다." 이런 식의 수용이다.

모든 상황은 일단 그냥 그것일 뿐이다. '…구나' 하고 그대로 현상을 받아들이는 것이다. 또한 모든 사건·사물 등은 그것일 수밖에 없는 사정(인연)이 배경에 복합적으로 얽혀 있는 것이다. 그 상황이 긍정적으로 느껴지든, 부정적으로 느껴지든 '…구나' 한 다음에 '그럴만한 사정이 있겠지.' 하고 이해하는 것이다. 그리고 그 상황에 어김없이 긍정적인 요소들이 얼마든지 있는 법이니, 최선을 다해서 긍정영역을 떠올리며, 감사한 마음을 먹는다. 그래도 부정적인 생각이 떠나지 않으면, 내가 당하고 있는 그 상황보다 더 못한 것에 비교하면서 '그만하길 다행이다'라고 감사하는 생각을 하는 것이다.

이 구나·겠지·감사 (나-지-사)의 방법은 억지논리가 아니다.

내가 당하고 있는 어려운 상황을 차분하게 마음을 가라앉히고, 조금만 명상적으로 바라보면 당연히 그렇게 관조되는 순리적 이론구조다.

이 '나-지-사'의 사고방식으로 우리가 겪고 있는 여러 가지 문제에 대하여 명상을 해 보면, 실제의 효과를 체험할 수 있다. '우리의 인생문제에는 무엇이든 해결할 수 있는 길이 있다. 오직 그 길을 걷지 않아 유감일 뿐이다.'라는 말을 떠올려야 한다.

    '나-지-사'로 현재의 모든 상황을 수용하면서 바라다보는 목표에만 집착하지 않는다면, 탐욕에서 오는 번뇌를 소탕함은 물론이다. 이대로 나는 '행복'하다고 마음먹으면, 모든 일이 순리적으로 진행되어 더 높은 행운이 따르게 된다.

우리 뇌 속의
자아

無我(무아)의 공부를 위한 自我(자아)의 이해

자아는 우리를 괴로움에 빠뜨리는 큰 원인이다. 어떤 일을 개인적으로 받아들일 때 언젠가는 사라지고 말 대상과 동일시하거나, 대상을 소유하려 할 때, 또한 모든 것으로부터 스스로를 격리시키려 할 때, 우리는 괴로움에 빠진다. 그러나 자아에 대한 의식을 놓아버리고, 삶과 함께 흘러간다면, 우리는 더욱 행복해지고 충만해질 것이다.

걸으면서 몸을 수용하는 등 자아에 대한 의식을 최소화한 상태로 무언가를 할 때면, 흥미로운 현상을 발견할 수 있다. 자아는 약간 긴장되고 압축되며 종종 불필요해진다. 또한 자아는 끊임없이 변화한다. 자아는 특히 기회와 위협에 반응하여 활성화된다. 욕망이 '자아'를 형성하는 쪽이 '자아'가 욕망을 느끼는 것보다 더 흔하다.

생각·느낌·심상 등은 신경구조와 활성의 패턴 위에 정보의 패턴으로 존재한다. 마찬가지로 자아에 대한 표현과 인식은 마음과 뇌에 패턴으로 존재한다. 여기에서는 그 패턴의 실제 여부를 밝히려는 것이 아니라, 그 패턴의 본질적 속성은 무엇인가 하는 점이다. 과연 이 패턴이 우리가 생각하는 것처럼 통일성이 있고, 경험에 대해서는 항상 존재하는 주인이며, 행동의 주체로서 정말로 실제하는 것인가?

자아에 대한 많은 측면은 무수한 신경네트워크에 기반을 두고 있다. 이들 네트워크는 자아와는 무관한 다양한 기능을 하며 그 속에서 표현되는 자아는 신경적으로 전혀 특별한 상태가 아니다.

자아는 사람의 일부에 불과하다. 대부분의 생각·계획·행동 등에는 그것을 지시할 자아가 필요하지 않다. 자아와 관련된 신경네트워크는 뇌 전체로 보면 극히 일부분에 불과하며, 신경계로 보자면 더욱더 미세한 부분에 불과하다.

자아는 끊임없이 변화한다. 뇌에서 나타나는 자아의 징후들은 모두 일시적이다. 마치 영화가 정지된 화면의 연속을 통해 연속된 움직임이라는 환상을 만들어 내듯이 중첩된 신경의 조립품이 함께 흐르고 분산되며 일관되고, 영속적인 자아라는 환상을 만들어 낸다.

자아는 다양한 조건에 의해 생겨나고 변화하며, 특히 유쾌·불쾌의 느낌에 의존한다. 또한 자아는 관계에 의존한다. '나'라는 인식의 가장 근본적인 근거는 의식과정에서 내재하는 주관감인데, 이는 신체와 외부 세계와의 관계에 근거한다. 자아는 절대로 독립적인 존재가 아니다.

통일되고 일관적인 독립적 '나'가 경험주의이며, 행동의 주체라는 인식 ─ 그러나 실제로 이러한 존재는 없다. 자아는 실제 존재하지 않는 존재에 대한 표현을 모은 것에 불과하다. ─ 과 같은 자아와 관련된 정신활동은 마치 유니콘과도 같다. 외형자아는 관계와 건강한 심리적 일관성을 위해 쓸모가 있다. 진화과정에서 생존에 대단히 중요한 역할을 했기에 사람에게는 자아라는 개념이 생겨난 것이다. 자아에 적대적인 표현은 없다. 적대적이 될수록 자아감은 더 자라나기 때문이다. 중요한 것은 자아를 꿰뚫어 보고 내려놓으며 분산시키는 것이다.

자아는 동일시·소유·자만·세상과 삶에서의 격리 등을 통해 자라난다. 이러한 것들로부터 멀어지는 방법들을 살펴보고 열린 마음으로 세상과 함께하며 스스로의 행복을 위해 선의를 가지며 다른 존재들과 충만하고 평화로운 관계를 가지는 방법을 알아야 한다.

요약

- 자아개념은 출생 시부터 원초적인 형태로 존재한다.
- 자아는 많은 측면을 가지고 있다.
- 자아는 사람의 한 부분인 정신의 패턴에 불과할 뿐이다.
- 자아는 끊임없이 변화하고 상황에 의존한다.
- 자아를 꿰뚫어 보고 벗겨 내면 열린 마음·지혜·가치와 미덕 행복이 남는다.[3]

---

3 릭 핸슨, 『붓다 브레인』, 장현갑 역, 불광출판사(2010), p.332

죽음에서
새로운 기쁨 발견하기

언젠가는 죽음이 온다는 것을 알고 있지만 죽음에 대해 생각하는 시간은 그리 많지 않다. 심각한 상태에 있는 말기 환자들은 남은 삶을 의미 있게 보내고자 하는 의지가 강하기 때문에 건강한 사람들보다 하루하루를 더 의식하면서 살아갈 수 있다.

삶의 양보다는 질이 더 중요하다고 보는 실존주의자처럼 소중한 시간이 얼마 남지 않았다는 사실을 아는 말기 환자는 삶을 바라보는 관점과 가치를 바꿀 수 있다.

생각하기에 따라서는 과거에는 소중했던 것이 사소해 보이기도 하고, 하찮게 생각했던 것이 오히려 의미 있게 보일 수 있어 새로운 인생을 맞이한 것과 같은 기쁨을 발견할 수 있다.

대부분의 사람들은 자신의 삶이 죽음을 통해 완전히 사라지는 것은 아니기를 희망한다.

우리 몸을 이루고 있는 세포는 일정 시간이 되면 성장을 멈추고 동일한 크기와 형태를 유지하다가 새로 만들어진 세포에게 자리를 내주고 스스로 사멸한다.

우리의 삶도 이 세포처럼 일정 시간이 지나면 다른 생명에게 자리를 내주고 떠나야 한다. 생성된 세포의 수명이 다하면 그 생명이 새로운 다른 세포로 이어지는 것처럼 인간 역시 마찬가지다.

어쩌면 '나'라는 존재는 거대한 우주 안에서 찰나의 순간에 머물다 떠나는 실존적인 인간이다. 하지만 죽음이 끝이 아니라 다른 존재의 생명 속에 존재할 것이라고 믿는 것은 옳고 그름의 문제가 아니라 선택의 문제다.

물질적인 차원을 떠나서 우리는 누군가에게 의미 있는 삶으로 기억되고 존재할 것이라고 믿는다면, 절망 속에서도 희망을 꿈꾸며 미소를 지으면서 죽음을 맞이할 수 있다. 내일 지구의 종말이 오더라도 오늘 사과나무를 심는 스피노자처럼 말이다.

우리가 떠나간 사람들의 삶을 우리의 생각과 마음속에 간직할 때, 죽음이란 끝이 아니라, 새로운 생명으로 다시 태어나고 이어지는 것이다.

삶의 미션도 누군가로 전해져 끊임없이 연속될 것이다. 우리 자신 역시 마찬가지다. 이 세상을 떠날 때 누군가 우리의 생명과 미션을 이어서 살아주기를 희망한다. 그래서 죽음의 순간에 그동안 함께했던 사람들에게 사랑의 말과 감사의 말을 할 것이다. 스스로에게나 남겨진 사람들에게나 자신의 삶이 의미 있었다는 평가를 받게 될 것이다.[4]

----

4 윤영호, 『나는 한국에서 죽기 싫다』, 엘도라도(2014)

한 순간에
깨어 있으라

깨어 있는 각성은 평화를 잃지 않는다. 그리고 깨어 있음은 해탈의 길이다. 貪瞋癡(탐진치)는 모든 고통의 원인이고 불교의 진리이기도 하다. 瞋心(진심)이 일어났을 때 그 자체를 수행의 소재로 삼아 관찰하는 것이 깨달음의 시작이다.

때가 왔구나, 언제 오든 누구에게나 오고야 마는 순간이 나에게도 왔구나. 그 사실을 인정하라. 色·聲·香·味·觸·法(색·성·향·미·촉·법)에 내 마음을 두지 않고, 그냥 그대로 수용하여 강 건너 불 보듯 관하라. 보이더라도 보지 않고, 들리더라도 듣지 않는, 의도적인 감각행위가 명상수행의 공덕이다.

六境(육경)을 떠오르는 대로 흘러가는 구름처럼 고요하게 보기만 하라. 이 순간은 진행과 변화의 수순이지 특별한 것이 아니다. 태어난 원인이 가져오는 결과가 죽음이라고 받아들여라. 죽음은 삶의 연장이고, 다시 태어남의 시작이다. 이 사실은 자비의 대상이다. 이 마음, 이 생각은 바다와 파도에 지나지 않는다. 나비가 번데기에서 태어나고, 그 나비는 또 다른 번데기의 삶을 살 것이다.

이승에서 행복하게 살아온 것에 감사하라. 좋은 세상, 좋은 사람들과의 인연 속에서 장수하였으니 서운할 것이 무엇인가? 삶의 모든 장(場)은 결론적으로 大肯定(대긍정)이다. 인간의 죽음도 凡事(범사)에 속한다. 감사로 받아들이는 것은 應無所住(응무소주)한 마음으로 而生其心(이생기심)하라는 금강반야경에 나오는 부처의 말씀이다.

– Well–Dying 마지막 순간의 명심보감

無我(무아)는
공의 철학이다

내(我)가 없는데 어찌 나의 것(我所)이 있을 것인가. 나와 나의 소유가 없음으로 그는 나라는 의식도 없고, 소유하려는 의식도 없는 자가 된다. 안으로나 밖으로나 나라는 생각이 없고 나의 것이라는 생각이 없다면 집착은 없어질 것이다.

나가르주나가 말한 '나'는 일상적인 의미의 '나'는 아니다. 여기서 '나'는 아트만이라고 불리는 불변하는 자아를 말한다. 유년시절의 나는 청년시절의 나와 다르고, 청년시절의 나는 분명 노년의 나와 다르다. 그럼에도 불구하고 어느 경우나 '나'라는 말을 사용하기 때문에 불변하는 '나'가 있을 것으로 착각에 빠지기 쉽다. 문법적 착각으로 생긴 불변하는 자아가 없다는 것, 이것이 나가르주나가 말하고자 하는 것이다.

'내가 없다'는 주장은 '내가 쏘(공)하다'로 표현된다. 이 주장을 긍정적으로 표현하면 '나는 수많은 인연들의 마주침으로 존재한다.'고 할 수 있다. 당연히 이런 나에게 나의 것이란 존재할 수 없는 법이다. 그것은 모두 인연이 있어서 내게 잠시 머무는 것뿐이기 때문이다. 나의 자식도 돈도 모두 그러하다. 모두 因緣(인연)이 되어서 나에게 왔고, 인연이 다해서 나로부터 멀어지는 것이다. 이렇게 철저하게 나 자신이나 내가 가진 것이 空(공)하다는 사실을 알게 되면 우리는 부질없는 집착으로부터 벗어날 수 있을 것이다.

만약 모든 존재를 自性(자성)을 가진 실체로 본다면, 그대는 그 존재가 因緣(인연) 없이 존재한다고 보는 것이다. 어떤 존재도 인연으로 생겨나지 않는 것은 없다. 그러므로 어떠한 존재도 공하지 않는 것이 없다.

자성이란, 불변하는 자기동일성을 나타내는 불교의 전문용어이다. 나이가 들면 거울을 쳐다보는 일이 점점 줄어들기 마련이다. 어떤 이유로 젊은 시절 자주 보던 거울을 멀리하게 된 것일까? 모든 집착은 자신이 소중하다고 생각했던 것이 사라져 버렸거나 혹은 부재하게 될 때 발생하게 된다.

내 마음을
점검하라

마음(1)

마음이란 복잡미묘한 거울이다.

무엇이든 보이는 것은 다 비춘다.

조심해야 한다. 그렇지 않으면 보이는 것은 다 나타내니까.

닦지 않은 마음은 주위환경에 약해서 좋은 일이 생기면 행복해하다가도

나쁜 일이 생기면 금방 괴로워한다.

우리의 마음은 그 자체에 그 한 마음이 있어

어느 곳에 맞추어야 할까 어렵다.

그러나 마음만이 인생의 괴로움에서 벗어나게 해줄 유일한 수단이다.

그러니까 조심해야 한다.

부도덕, 이기심, 성냄, 약물 등이 이 하나뿐인 실마리를 무디게 하니까

마음(2)

마음은 우리가 생각한 대로 골라 기를 수 있는 꽃밭과 같은 것

가시덤불을 키울 수도 있고

아름답고 향기로운 꽃을 키울 수도 있다.

그리고 아무리 하찮은 잡초라 해도 꽃피우는 걸 배울 수 있다.

마음을 지배하라.

마음에 의해 지배당하지 말고

스스로의 마음을 지배하는 사람이 바로 성인이다.

증오와 성냄

성냄과 증오는 가장 위험한 것

자신과 이웃을 파괴하므로 어떤 형태로든 죄악이다.

마음속에 증오가 일어나면

정신 차려 떨쳐 버리든지

상대방과 대화를 시작하라

증오가 내 감정을 어떻게 만들고

다른 사람의 감정을 어떻게 하는가를 주의 깊게 살핀다면

우리는 어쩔 수 없이 증오를 내던질 수밖에 없다.

제4장

冥想修行 (명상수행)으로 生死(생사)를 초월한다

호흡명상과 보행명상을 매일 실행하라.

冥想修行(명상수행)은 見性成佛(견성성불)의 길이다.

父母(부모)님 은혜에 감사하고, 처자형제, 모든 사람을 사랑하라.

아름다운 마무리는 容恕(용서)와 화해, 慈悲(자비)를 실천하는 것이다.

명상은

모든 것을 다 갖추지 못하고 태어난

그런 사람들을 위한 것

숨을 쉴 때 일어나는 감각을

주의 깊게 살피는 것은

평온과 內觀(내관)의 연습

정치적으로나 경제적으로나, 또한

정신적으로나 평화를 얻게 하는 실습

자신을 바로 보기 위해선 우리는

날마다 시간을 내서 걷거나 앉아서

명상하며 경험하는 것을 정밀하게 주시해야 한다.

대상에
注意集中(주의집중) 유지하기

Buddha's Brain에서 호흡명상안내

의식대상에 대한 내면의 연관을 강화시키고, 작업기억(Working Memory)의 문을 닫는 역할을 한다.

자신이 얼마나 호흡을 잘 관찰하고 있으며 주의가 산만해질 때마다 집중을 촉진하는지를 감시하는 수호자를 상상해 보라. 이 수호자는 전방대상피질(Acc)영역에 존재하는데, 이 영역은 목표와 실제수행을 비교하는 역할을 한다. 전방대상피질(Acc)은 주의를 적용하고 유지하는 데 가장 크게 관여하는 영역이기도 하다.

호흡을 세거나 말로 표현하는 방법은 우리 뇌의 언어중추에 의존한다. 조용히 마음속으로 매번 호흡을 하나부터 열까지 세고, 다시 반복한다. 주의집중이 흐려지면 다시 하나부터 시작한다. 반대로 열부터 하나까지 거꾸로 세는 것도 가능하다. 목표를 높이 세우고 싶다면 하나부터 열까지 세는 것을 열 번, 총 백 번 동안 주의를 놓치지 않고 계속하는 목표를 잡을 수도 있다. 이때 손가락으로 한 세트마다 표시해도 좋다. 이 방법은 명상수련을 처음으로 시작하는 이들에게 매우 유용한 방법이며, 마음을 안정된 자리에 매우 빠르게 가져다 놓는다.

또는 부드럽게 호흡과정을 묘사해도 좋다. 예를 들어, 마음속으로 '들이쉬고, 내쉬고'라고 생각하는 것이다. 이는 다른 마음의 대상에도 적용 가능하다. 예컨대 '생각', '기억', '걱정', '계획' 등과 같은 마음의 대상에 적용하는 것이다.

따뜻하고 애정 넘치는 헌신적인 노력으로 호흡에 더욱 열중하도록 한다. 어떤 대상에 대한 정서는 자연스럽게 거기에 기울여지는 주의를 강화시키며, 뇌 전체를 사용하도록 한다. 그 결과 주의집중 대상에 대해 더 많은 신경망이 관여하게 된다.[5]

---

5 릭 핸슨, 『붓다 브레인』, 장현갑 역, 불광출판사(2010)

명상을 위한
마음과 생각의 관계

생각이란 무엇인가?

생각은 하는 것이 아니라 떠오르는 것이다.

마음의 작용은 생각의 형태를 취하기도 하고, 느낌이나 감정으로 나타나기도 한다.

'저것이 무엇이구나' 하는 것을 아는 인식으로 나타나기도 하고, 의견이나 의도의 형태로 나타나기도 한다. 생각은 전반적으로 대상을 파악하고 의식하는 것으로 나타난다.

생각은 지금 현재 무엇을 하고 있을 때 그것과 다른 것이 떠오르는 것을 말한다.

마음이 실제 존재하는 것에 집중하는 것은 생각하는 것이 아니다. 그것을 보고 어떤 것을 떠올리면 그것은 생각이다.

과거나 미래를 떠올리는 것은 생각이다. 생각이 많다고 하면 대부분 과거나 미래로 마음이 가 있는 것이다.

떠오르는 생각을 왜 '우리가' 한다고 할까?

생각은 빨리 일어나는 것이기 때문에 생각의 속성을 관찰하기 어렵다.

우리가 쓰는 언어 습관 때문이다. '나는 생각한다', '너도 생각해 봐라' 등의 표현을 쓴다. 그리고 그것이 사실인 줄 안다. 습관적으로 쓰는 말에 의심을 품기 어렵다.

생각을 할 때 생각의 내용이 연관관계 속에 있기 때문에 '내'가 했다고 생각한다. 그 연관관계를 따라서 내가 하고 있다고 생각한다.

그러나 사실 생각을 있는 그대로 보면 그 연관관계도 순간적으로 아주 빠른 속도로 떠오르고 있다.

대략 이러한 이유로 인해 사람들은 자신이 생각을 한다고 무의식 중에 믿고 있다. 생각을 순간적으로 잘 관찰해 보면, 조건에 따라 비가 오고 바람이 불듯이 우리의 생각도 조건에 따라 떠오르는 것을 알 수 있다.

생각? 입력된 것이 떠오른다.

입력된 것이 그대로 떠오르기도 하고, 결합되거나 변형되어 떠오르기도 한다. 6가지 경로를 통해서 입력되고 저장되기도 한다.

눈(眼)으로 보는 것, 귀(耳)로 듣는 것, 코(鼻)로 냄새 맡는 것, 혀(舌)로 맛을 보는 것, 몸(身)으로 느끼는 것, 정신(意)으로 생각하고 느끼는 것 등이다.

왜 생각이 문제인가?

병이 나는 과정에서 생각을 많이 한다. 실제 문제해결에 도움이 되지 않는 혼자만의 생각을 많이 하고 있다. 강박증 환자의 경우 '이 생각은 터무니없는데' 하고 생각하면서도 그 생각을 멈출 수 없다.

긍정적이고 좋은 생각은 많이 해도 문제가 되지 않는다. 부정적이고 안 좋은 생각을 많이 하면 문제가 생긴다.

불면증의 시작은 생각이 많은 것으로부터 시작된다.

잠을 잔다고 누웠을 때 잠이 들지 않으면 생각을 한다. 잠을 자려면 생각의 내용을 생각하지 말고, '내가 잔다고 누워 있는데 생각이 나는구나.' 하면서 생각 자체가 난 것을 알아차리면, 생각이 거기서 끊긴다. 그러고는 편안히 누워 있는다. 그러다 보면 잠이 온다.

생각을 줄이면 줄인 만큼 편안해진다.

부정적인 생각을 멈추려면, 사람이 많은 도심에서 운전하거나, 명동 같은 복잡한 길을 걸어 다녀 본다.

공황장애를 겪은 직장인이 있다.

그는 직장동료가 뇌졸중으로 사망했다. 그것을 볼 때 '나도 그럴 수 있다'라고 자꾸 생각한다. 그러면 식은땀이 나고, 호흡이 가빠져서 죽을 것 같은 신체적 증상이 나타난다. 심해지면 응급실에 실려 간다. 각종 검사를 했으나 정상이었다. 아무렇지도 않은데 왜 죽을 것 같다고 호소할까? 스스로 공황장애 같다고 말하면서 고통을 느낀다. 이것은 성격이 다혈질인 사람에게 많이 나타나는 자각 증상일 뿐 실제로는 일어나지 않는 공포·불안인 것을 알 수 있다.

불안·공포를 일시적으로 멈추기 위해서 항불안제나 자율신경제를 먹을 수도 있다. 그러나 자신이 '현재 이 순간' 1초 이전으로도 이후로도 가지 않는 것이 약 먹는 것보다 중요하다는 것을 인식하는 것이 필요하다.

마음은 순간적으로 어느 한쪽을 향해서 가는데, 마음이 현재에 있으면 걱정하는 곳으로 갈 수 없다.

길이 난 마음은 그 쪽으로 쉽게 가는 속성이 있다. 과거와 같은 생각이 들려고 하면 다른 생각을 하거나 걷는 운동을 하면서 그 생각에서 벗어나야 한다. 숨이 멈추고 금방 죽을 것 같은 '공황장애'의 두려움이 설사 생각나더라도

'죽지는 않으니까 괜찮다', 이것도 '내 삶의 일부분이다'라고 생각을 돌리는 지혜가 있으면 된다.

부정적인 생각이 처음 일어날 때 그것을 즉시 알아차려서 객관적으로 바라보고 그 생각을 놓을 수 있도록 해야 한다.

생각이 일어날 때 알아차리고, 다시 현재로 돌아오는 것을 훈련해야 한다.

공황장애를 극복하는 길은 현재에 집중하는 훈련과 생각이 났을 때 알아차리는 훈련으로 가능하다. 약은 일시적인 치료방법이고 '하면 된다'는 자신감을 가지고 생각을 다루는 기능을 사용하는 것이 최선이다.

생각을 멈추는 힘은 冥想(명상)에서 나온다.

스티브잡스의 독창성은 그가 체험한 명상에서 나온 것이라고 했다. 명상의 형태나 내용은 하는 사람에 따라 다를 수 있다.

명상의 본질은 '현재에 집중하는 것'이다. 주로 몸과 마음에서 현재에 일어나는 현상에 주의를 집중한다.

특히 호흡에 집중하는 경우가 많다. 떠오르는 대상에 집중하면서 대상의 속성이나 본질을 알게 되지만, 부가적으로 생각의 속성을 알 수 있다.

명상을 할 때 처음에는 대상에 집중이 잘 되지 않는다. 그 이유는 생각 때문이다.

심리학자들의 관련서적에서 '생각은 그냥 나타난다. 저절로 일어난다. 자신의 생각을 통제할 수 있는 사람은 아무도 없다. 자아는 반복적으로 떠오르는 부정적인 생각이다'라고 생각의 속성이나 본질을 말하고 있다.

명상의 반대편에 생각이 있다.

명상하기 전에는 생각과 개념으로 세상을 봤다면, 명상 후에는 세상을 있는 그대로 보게 된다.

생각은 실제를 가리는 장막과 같은 것이다. 그래서 우리들의 생각은 실제와 다른 것이다. 세상은 실제에 따라 움직인다. 그래서 우리가 생각에 따라 움직이면, 실제와 따로 놀게 된다. 그래서 원하는 대로 되지 않고, 괴로움이 오고, 정신적 문제가 생긴다. 따라서 우리가 현실에서 멀어진 만큼 건강이 좋지 않은 것이다.

생각은 한 번에 두 곳으로 갈 수 없다.

명상은 실제 벌어지는 일을 그대로 보는 훈련이다. 그래서 명상을 하면 지혜로워진다. 지혜는 있는 그대로 아는 것이다.

타인에 대해 지혜가 있다면, 남이 무슨 생각을 하고 있는지 뭘 하는

지, 어떻게 하면 친해질 수 있는지 알고 있는 것이다.

주식시장에 지혜가 있다면, 주식시장이 어떻게 움직이는지 알고 있는 것이다. 왜 죽고, 죽으면 어떻게 되는지 알려면 죽음에 대한 지혜가 있어야 한다.

생각을 멈춰서 지혜를 얻는 것이다.

불교에서는 선정을 닦고, 그 뒤에 지혜를 얻는데, 선정은 생각이 정지된 상태다. 하나의 대상에 집중하고 그 상태에서 알기 원하는 것으로 마음을 향해 그것을 본다. 즉, 마음을 어떤 작업을 할 수 있는 상태로 만든 후 그 작업을 하는 것이다.

마음은 언제나 어딘가에 가 있다.

한 순간에 한 곳으로 간다. 마음이 명상의 대상에 가 있으면 다른 곳으로 갈 수 없다. 생각을 할 수 없다. 생각은 주로 과거나 미래에 간 것이다.

선정은 마음이 대상에 가 있는 상태이고 다른 것을 알아차릴 수 없다.

생각을 다스리는 방법은 명상이다.

생각을 알아차리는 것은 쉽지 않다. 생각은 자동적으로 하는 것이다.

명상을 하려면 먼저 몸을 알아차리는 것을 해야 한다. 침대에 누워 있으면, 누워 있는 것을, 일어나면 일어나는 것을 알면서 느낀다.

세수할 때 물이 얼굴에 닿는 것을 느낀다. 밥 먹을 때는 먹는 것을 그대로 지켜보면서 먹는다. 길을 걸을 때는 팔과 다리가 움직이는 것을 알면서 걷는다. 이렇게 현재 하는 일에 집중하는데 생각이 나면, 그것을 알아차린다. 그러나 생각을 하고 있는 상태에서 또 다른 생각이 나면 그것은 대비가 안 되기 때문에 알아차리기 어렵다.

처음에 생각이 나는 것을 알아차리는 것이 중요하다. 어떤 생각이 오래 머문다고 하는 것은 반복해서 그 생각을 하는 것이다. 모든 생각은 순식간에 일어났다가 사라진다.

알아차림이 생각을 다스리는 첫 걸음이다.

중요한 것이 생각나면, 기록해 놓으면 된다. 생각하는 시스템이 있으면, 안 좋은 일이 생겼을 때 안 좋은 일에 대해 생각을 하게 된다. 멈추기가 어렵다.

명상으로 생각이 없는 것은 '멍한 것'이 아니라 현재에 집중하고 있는 상태이다.

사람들은 생각을 하면서 항상 살아왔기 때문에 생각을 안 하고 살아가기가 어렵다.

생각은 안 하고 살아도 어려움이 없다. 오히려 일은 일대로 별 무리 없이 하면서 마음에 괴로움이 별로 없다. 생각을 안 하는 일이 효율성이 더 높다고 본다. 그러나 생각이 도움이 되는 경우도 있다. 하지만 생각은 실제를 있는 그대로 보는 데 장애를 준다. 생각은 사실을 모르니까 하는 것이다. 알면 아는 대로 하면 되지 생각할 필요가 없다.

모르는 것이 생각을 해서 풀릴 수 있는 것이면 생각이 도움이 되지만, 모르는 것이 그렇지 않은 성격일 때 잘못된 길로 가기 쉽다.

다른 사람의 말을 듣기 전에 확인이 곤란한 내용을 생각할 때 제대로 답을 얻을 수 없고 그것을 생각하는 과정에서 많은 문제가 생길 수 있다.

예를 들어, 남편의 와이셔츠에 묻은 립스틱 자국을 발견하고 바로 '여보 이게 뭐예요' 물어볼 경우와 며칠 동안 생각하고 난 뒤에 물어볼 경우는 엄청난 차이가 있다. 혼자 생각한 것들 때문에 내 마음은 복잡해지고 감정이 꼬이게 되면 남편에 대한 말투가 달라지고 남편의 대답도 왜곡되게 받아들일 수 있다.

모를 때는 생각하는 것을 멈추고, 자기가 해야 할 일을 하다 보면 모르는 것이 풀릴 수도 있고, 모르는 것을 알려면 어떻게 해야 하는지 보일 수도 있다.

생각이 앞서가면 그만큼 걱정거리가 늘어난다.

예를 들어 수술 받는 환자가 수술 받는 날 무슨 일이 일어날지 아무도 모른다. 수술실에 누워 있을 때까지는 수술에 대한 생각을 안 해야 한다. 미래는 가 보지 않은 미지의 세계와 같다. 수술실에서도 그 순간만 알아차려야 한다. 앞서가면 앞서간 만큼 괴로움이 생긴다. 우리는 미래를 과거로 채운다. 과거가 현재에 영향을 주면 미래는 손상이 간다.

마음이 현재에 있으면, 과거와 미래에 있을 수 없다. 과거나 미래의 산물인 화나 불안·걱정·설렘이 없으려면 마음이 현재에 있어야 한다.

생각이 나는 것을 적으면서 번뇌가 마음속에 일어나면 번뇌도 같이 적는 훈련을 한다.

번뇌는 욕심과 화 그리고 모르는 것을 안다고 생각하는 無知(무지)다.

생각의 대부분은 사람에 대한 것이다.

사랑하는 사람을 너무 생각하면 지나치게 되고, 애착이 생기거나 걱정이 생길 수 있다. 그렇게 되면 실제 만날 때 좋은 마음으로 만날 수 없게 된다. 생각으로 상처를 주지 말고 그 사람의 마음을 보려고 노력하는 것이 좋다.[6]

---

6 전현수, 『생각사용설명서』, 불광출판사(2012)

명상의
11가지 효과

　명상을 하면 현재에 집중하면서 마음의 고요함과 안정을 얻고, 과거의 있던 일에 대한 집착이나 부담에서 벗어나게 된다. 또한 미래에 대한 걱정이나 상상을 줄여 우리의 에너지를 현재에 집중하게 된다.

　신체적·정신적 고통을 많이 줄일 수 있다.
　정신집중력 향상으로 신진대사가 원활해지고 교감신경과 부교감신경의 균형이 유지되어 면역력이 증가되고 자기치유능력이 향상된다.

　명상을 통하여 관찰적 자아(Observing ego)가 강해진다.
　관찰적 자아가 잘 발달된 사람은 행동하면서 자기가 무엇을 하고 있는지를 잘 알게 되어 잘못된 행동을 고친다. 자아에는 경험하는 자아와 관찰적 자아가 있다. 정신분석에서 우리는 초자아, 자아, 이드로 구성되어 있다고 보는데 이 중 초자아는 양심과 같은 것으로 자아를 감시하고 비판하는 기능을 하고, 이드는 본능으로서 신체적·정신적으로 쾌락과 안락함을 추구한다. 자아는 초자아와 이드 사이에서 현실적으로 존재가 외부세계와 관계하고 소통하고, 존재가 필요한 일을 해나가게 한다.

명상은 과거를 놓는 훈련이다.

모든 과거를 다 잊어버리고 놓는 것이 아니고, 기억은 하지만 현재에 맞지 않고 고통을 초래하는 과거의 반응을 현재에 맞는 적절한 반응으로 바꾸는 것이다.

명상은 우리 자신을 순간순간 업그레이드 시키는 것이라고 볼 수 있고, 적절한 것은 유지시키고 맞지 않는 것은 순간순간 수정하는 것이라고 볼 수 있다.

명상은 부정적인 과거를 정화하는 작업이다.

마음에서 일어나는 과거에 가졌던 무지, 욕심, 미움을 보면서 그것들이 더 이상 힘을 쓰지 못하도록 한다.

부정적인 마음이 떠올라오면 올라오는 대로 그냥 지켜보기만 한다. 계속 지켜보게 되면 나중에는 올라오지 않게 된다. 이 과정을 통해서 과거가 정화된다.

명상을 통해 인과의 법칙을 깨달을 수 있다.

몸과 마음을 있는 그대로 관찰해 보면 모든 것에는 원인이 있고 결과가 있다는 것을 알 수 있다. 그래서 인과의 법칙을 깨닫게 된다.

지금의 어떤 모습이나 어떤 상태나 처지에는 그렇게 된 필연적인 원인이 있다는 것을 알게 된다. 그래서 지금 있는 모습을 받아들이게 된다.

인과의 법칙을 알면 무슨 일이 일어나든 어떤 상태에 있든 현재를 받아들이게 되고 지금의 행동이 앞으로 올 미래를 결정한다는 것을 알고 노력하게 된다.

명상을 통해 자기 자신을 관찰하는 것이 생활화되면 어떤 반응이나 감정이 일어날 때 초기에 그것을 알아차리고 다스릴 수 있다.

감정은 힘이 약할 때 다스리기 쉽다.

억압된 과거의 경험이 명상 중에 떠올라 의식에서 다룰 수 있다.

무의식 속에 자리 잡은 과거 경험을 떠올리면 다시 경험하고 해결할 수 있다.

명상을 통해 뇌와 면역체계에 긍정적인 변화가 온다.

자비심, 사랑, 공감과 같은 긍정적 감정과 관계되는 뇌 부위인 왼쪽 전두엽이 활성화되어 뇌 부위 간의 교통이 증가한다.

죽음에 대한 두려움이나 고통을 극복하게 된다.

명상을 통해 내 몸과 마음이 내 것이 아니라는 것을 철저히 알면, 죽음에 대한 공포에서 벗어난다.

현재에 계속 집중하면 죽음은 없다. 죽음은 우리 생각 속에 있고 미래에 있는 것이다. 생각이 미래에 가서 죽음을 생각하는 것이고 현재에 있게 되면 죽음은 없는 것이다.

삶은 마지막 순간까지 사는 것이지 죽음을 경험할 수 없다.

인과의 법칙을 철저히 깨달으면 죽음에 대한 공포가 많이 옅어지게 된다. 순리대로 당연히 올 것이 온 것으로, 두려움이나 아쉬움 없이 받아들이게 된다.

세상의 이치대로 모든 것이 진행된다는 것을 분명히 알면 죽음에 두려움이나 삶에 대한 미련 없이 받아들이게 된다.

명상을 통해 인간관계에서 평정심을 유지하는 것을 배울 수 있다.

어떤 말을 듣더라도 감정적으로 반응하지 않고 그 사람이 한 말만 편안하게 객관적으로 듣는 것을 배우게 된다.

명상을 하면 집중력이 강해진다.

마음이 여러 대상으로 가지 않고 한 대상으로만 가는 훈련을 함으로써, 무엇을 하든 그것에 집중하는 힘이 강해진다. 집중된 마음은 사물의 본질을 꿰뚫을 수 있다.[7]

----

7   전현수, 『생각사용설명서』, 불광출판사(2012)

운전명상의
실천

차를 출발하기 전에 암송할 수 있는 간단한 詩(시)를 암송하면 안전
운전에 도움이 된다.

차를 출발하기 전 / 나는 갈 곳을 알고 있다 / 차와 나는 하나여서 /
차가 빨라지면 나도 빨라진다.

현대인은 혼자가 되는 것을 두려워한다. 그래서 벗어나려고 운전을
하기도 한다.

우리가 어디를 가든 자아는 우리와 함께 있을 것이므로 자동차를
몰고 나간다 해서 결코 벗어날 수는 없는 것이다. 차를 운전하고 출발
하기 전, 나는 지금 어디로 가고 있는가? 내가 가야 할 곳을 안다는 것
은 의미심장한 문제이다.

정말로 중요한 일이 아니라면 공원이나 강둑을 따라 산책하러 가
보자. '차와 나는 하나여서' 자신은 주인이고 차는 단지 하나의 도구라

는 생각을 갖지만, 그것은 잘못된 생각이다. 기구와 기계를 사용할 때 우리는 변화한다. 차를 운전할 때 우리는 자신이면서 자동차인 것이다. 의식을 갖고 운전해야 한다. 운전하는 동안 도착지만을 생각한다. 빨간 신호등은 즐겁지 않고 목적지로 가는 것을 방해하는 일종의 적이다. 그렇지만 빨간 불은 우리가 현재의 순간으로 돌아와 마음을 집중하도록 일깨워주는 신호로 받아들일 수 있다.

빨간 불 신호를 보면 짜증내지 말고 미소 지으며 숨쉬기로 돌아가라. '숨을 들이쉬면 내 몸은 편안해지고, 숨을 내쉬면서 나는 미소 짓는다'라고 짜증나는 감정을 유쾌한 감정으로 전환하는 것은 어려운 일이 아니다. 우리가 살 수 있는 것은 지금 현재의 순간뿐이라는 사실을 상기시켜 주는 친구처럼 느껴질 것이다.

교통정체 상황에 놓이면 투덜대거나 언쟁하지 말라. 불평한다고 막힌 길이 뚫리지도 않는다. 의자를 뒤로 물리고 앉아서 동정심과 친절함을 띤 미소를 지어라. 조용한 음악을 틀거나, 콧노래를 불러 본다. 그리고 깊은 호흡으로 마음 챙김을 하면서 현상을 관조하고 순간의 고통을 인내하면, 긍정적인 새로운 변화를 발견하게 된다. 우리가 존재하는 어디에서든 하루 중 어느 시간에나 의식적인 호흡으로 명상수련을 할 수 있다. 마음 집중하여 숨쉬기를 하며 일상생활의 작은 행동까지 알아차리는 관찰과 마음 집중 명상을 통해서, 자신의 삶과 사회를 변화시킬 수 있다.

인생은 길이다. 오늘도 가고 내일도 가야 한다. 길을 가는 나그네의 동반자는 나의 자동차이다. 내가 저세상에 가서도 여전히 자동차 핸들을 잡고 먼 길을 달리게 될 것이다. 차는 내 몸이고 내 자동차는 나의 운명을 싣고 달린다. 몸과 마음을 같이 하는 자동차는 바로 나 자신이기에 함께 호흡하고, 함께 휴식하면서 항상 안전제일주의로 같이 살아야 한다.

행복이란 언제나 현재순간에 있기 때문에 당신이 숨쉬기와 미소 짓는 방법을 안다면 행복은 바로 그 순간에 존재하게 되는 것이다. [8]

----

8 틱낫한, 『이른 아침 나를 기억하라』, 서보경 역, 지혜의나무(2003)

죽음명상의
실제

1단계: 어떤 식의 죽음인지 모르지만 자신이 죽었다고 생각해 봅니다

장례식이 치러지고 있습니다. 사람들이 나를 마지막으로 보려고 왔습니다. 내 시신이 들어 있는 관을 지나면서 인사를 하고, 장례식장에 앉아 있습니다.

누가 왔는지 한 번 둘러보세요. 그리고 누가 자신의 죽음을 제일 슬퍼하는지도 보세요.

어떤 말을 하든지 간에 슬퍼하는 사람들을 위로하여 그들의 마음을 편안하게 해주세요. 그리고 당신과 평소에 사이가 좋지 않은 사람이 왔다면 역시 그들이 두고두고 미워하지 않도록, 또 당신도 미안한 마음 없이 떠나도록 대화를 나누도록 해 보세요. 두 사람의 관계를 원만하게 잘 해결해 보세요.

미워하는 마음으로 세상을 떠난다면, 영혼의 무게가 무거워서 빛의 세상으로 가지 못하고 이 세상을 떠돌며 헤매는 귀신 같은 존재가 된다고 하고, 영혼이 빛이 되어 가볍게 이 지구를 떠나도록, 살아오면서 미안했던 사람, 원한을 산 사람에게 마음으로부터 용서를 구해 보세요.

그들이 용서할 때까지 그들의 마음을 위로하고 진심으로 사과의 마음을 전해 보세요. 그리고 평소에 고마워하는 마음을 가지고 있었지만 아직도 고맙다는 말을 전하지 못한 사람이 있으면 고맙다는 말을 전하세요.

시간의 여유를 가지고 생각나는 모든 이들과 이별의 시간을 가져 보세요.

가볍고 밝은 빛으로 지구와 지구에 있는 사람을 떠나도록 마음의 부담을 다 꺼내 보세요. 죄의식도 훌훌 벗어버리세요.

2단계: 자 이별 인사를 다 나누었으면 이제 지구를 떠납니다

장례식장에 온 사람들을 다시 한번 둘러보세요. 그들을 바라보는 내 마음의 상태는 어떠한지요?

이제 장례식장을 떠나 하늘로 서서히 올라갑니다. 식장이 아스라이 보입니다.

살면서 자신이 아끼던 물건을 산 사람에게 다 주면서 떠나 보세요. 마음으로 생각만 하면 가진 물건이 그 사람의 것이 된다고 생각하고, 다 나누면서 떠나세요. 줄 것이 없는 사람은 축복의 마음을 보내도 좋습니다.

점점 지구로부터 멀어지네요. 지구의 강과 산이 아스라이 보이네요. 이 지구가 초록별처럼 아득히 멀리 빛나네요. 드디어 다른 별들에

가려 아예 보이지 않네요. 해와 달과 수많은 태양계를 지나니, 해도 먼지처럼 작게 보이고 태양계 은하계도 손바닥만 하게 보이네요.

갑자기 모든 은하계를 다 품은 우주보다도 더 큰 존재가 된 듯한 느낌이네요. (여기까지 낭독)

3단계: 눈을 뜨고 명상을 마무리합니다

오늘 죽음명상을 통해 사람들과 화해하고 용서하고 감사하는 계기가 되었으면 좋겠습니다.

오늘이 마지막 날이라고 생각한다면, 용서 못 할 일이 없고, 나누지 못할 것이 없겠지요.

내일이 없다는 마음으로 오늘 일어나는 모든 일들은 오늘 풀도록 해 보세요.

4단계: 명상소감 표현하기

지금의 마음상태는 어떠한지 말해 보세요.[9]

붓다가 말했습니다.

"모든 발자국들 가운데 코끼리의 발자국이 최고이고,

마음을 다스리는 명상들 가운데 죽음에 대한 명상이 최고이다."

---

9 김남선, 『생활명상』, 민족사(2010)

죽음을 준비하는 명상

죽음명상은 죽음과 친해지고 죽음의 의미를 깨닫게 되고, 삶의 의미도 깨닫게 한다.

죽음명상을 하면 의미 있는 일을 하게 되고, 삶의 시간이 많음을 알 수 있게 된다. 그리고 그물에 걸리지 않는 바람같이 자유인으로 살 수 있게 되어 현재의 삶을 더욱 풍요롭게 한다.

죽음에 대한 치유명상은 '삶은 무엇이고 죽음은 무엇일까?', '어느 날 갑자기 죽음이 찾아오면 나는 어떻게 맞이할 수 있을까?'에 대해 명상하는 것이다. 위풍당당하게 살다가 한순간에 초라해지고 가엾은 존재로 전락하게 된다면 그 인생은 비참할 것이다.

아름다운 마무리를 위해서 죽음을 준비하는 것이 현재의 행복이요 영원한 성공이 될 것이다.

죽음학자 퀴블러로스는 사람이 죽음을 맞이하게 될 때 대략 5단계를 거친다고 했다.

즉, '부정'의 단계에서 '분노'의 단계로, 그리고 '타협'의 단계와 '우울과 절망'의 단계를 거쳐 마지막으로 '수용'의 단계로 죽음의 불가피성을 받아들이게 된다는 것이다.

그렇다면 나는 죽음을 받아들일 때 한계상황을 느껴서 삶을 포기하는 차원이 아니라 어떤 깨달음을 얻어서 마음의 평화에서 오는 차원이었으면 좋겠다.

죽음을 회피하지 않고, 명상 속에서 죽음을 당연지사로 바라보고 죽음을 담담하게 맞이하고 한 차원 더 높인다면 비로소 열반의 길이 보일 것이다.

죽음명상 연습을 자주한다

자신의 주검을 바라본다.

눈을 감고 심호흡을 하면서 편안한 마음을 유지한다. 이제 세상 속에서 자신의 죽어 있는 모습을 바라본다. 숨이 끊어져 침대에 누워 있는 자신의 육체는 점점 차가워지고 뻣뻣해지고 있다. 내가 죽은 후 하루 이틀 사흘이 지나고 있다.

나의 시체는 관 속에서 푸른빛으로 변하고 부패하기 시작한다. 나의 시신을 생생하게 그려 본다. 부패한 시신은 오랜 시간이 지나서 작은 뼈는 흙이 되어 먼지 속에 날리고, 해골만 남게 될 것이다. 이렇게 변하는 모습을 시각화하여 생생하게 바라본다. 이렇게 되면 무섭지 않을까? 슬퍼서 눈물을 흘리지 않을까? 아니면 마음이 오히려 편안해질까?

죽음을 시각화하여 바라보는 것이 두렵거나, 도무지 죽음을 받아들일 수 없다면 기독교에서 재의 수요일에 사제가 신자의 이마에 재로

십자가를 그리면서 '인생아 기억하라. 너는 흙이니 흙으로 돌아가라'고 하는 의식을 시각화해 지켜보는 것도 좋다.

나는 우주의 중심이지만 우주의 주인은 아니다.

나는 나의 삶을 살아가고 있지만 삶의 주인도 아니다.

나는 과연 누구일까?

나의 신체는 나 자신이 아니다. 나의 느낌이나 생각도 나 자신은 아니다.

무서워하지도 말고, 슬퍼하지도 말라. 썩어서 사라진 나의 몸뚱이는 본래 내가 아니기 때문이다. 이 사실을 깨달으면 나는 오히려 입가에 미소를 지은 채 마음이 한없이 편안해지는 것을 바라볼 수 있을 것이다.

너의 육체가 너 자신이 아니듯이 너의 생각이나 감정, 느낌도 너의 행위도 너 자신이 아니다.

너는 본래 자연의 거대한 생명에너지의 한 부분일 뿐이다.

너는 단지 자연에서 왔다가 자연으로 돌아갈 뿐이다.

삶도 죽음도 자연의 섭리 속에서 그냥 흘러가는 하나의 흐름일 뿐이다.

'나'라고 생각하는 것은 모든 욕망의 집착에서 오는 것이므로, 그 집착에서 벗어나면 번뇌로부터 벗어나 대자유인이 될 수 있다. 이것이 궁극적인 치유가 아닐까?

자신의 장례식 바라보기

당신의 장례식이 거행되고 있다. 친척, 친지 등 많은 사람들이 문상을 왔다. 고등학교 동창들이 많이 보인다. 꽃밭에 안치된 내 영정사진을 바라보고 향을 피운다. 국화꽃을 놓고 기도하는 친구도 보인다. 부의금 봉투를 내놓고 방명록에 이름을 쓰거나, 아무런 표정도 없이 손님을 접대하는 탁자 앞에 가서 친구들과 악수를 하고 소주를 마시며 무슨 이야기를 하는 풍경들이 보인다.

당신의 죽음에 대해 슬퍼하는 사람은 누구인가?

반대로 아무런 표정 없이 사진만 쳐다보는 사람은?

좋은 사람이 죽어서 애석하다고 말하는가? 아니면 나쁜 짓만 하다가 잘 죽었다고 생각하는 표정을 짓는 사람은 없는가?

지금 너의 옆에 누가 있는가? 당신이 믿는 하나님인가? 아니면 부처님인가? 혹은 아무도 없는가?

이런 상상의 경험을 가지고 삶의 현실로 돌아와 세상을 본다

하늘은 여전히 푸르고 길거리는 사람들로 분주하다. 사랑하는 사람, 미워하는 사람 모두 여전히 살고 있다.

이제 그들에게 유언을 써 보면 어떨까? 정말로 하고 싶은 이야기를 그대로 써 본다. 그리고 천천히 읽어 본다.

나는 과연 누구인가? 이 세상을 어떻게 살고 있는가?

죽기 전 5분이 남았다면 (저자인 윤신부가 경험한 것들)

나는 캐나다의 케인 교수가 인도하는 집단상담에 참석한 적이 있습니다. 그녀는 참석자들에게 깊은 호흡을 시키면서 내면의 세계에 빠져들게 인도했습니다. 그녀는 사라브라이트만의 'Time to Say

Goodbye'라는 노래를 들려주었습니다.

깊은 내면의 세계에서 듣는 그 노래는 무엇인지 모를 커다란 힘으로 나의 감정을 흔들어 놓고 있었습니다.

케인 교수가 말했습니다. "여러분은 지금 죽음을 맞이하고 있다고 상상해 보세요. 여러분에게 남아 있는 시간은 단 5분입니다. 머릿속에 누가 떠오릅니까? 그들에게 안녕이라고 말할 때 생각해 보세요. 어떤 느낌이 듭니까? 죽음을 맞이하는 순간을 상상하면서 새롭게 깨달은 것이 있습니까?"

나는 그때 진실로 많은 것을 깨달았습니다. 집단상담을 마치고 눈을 떴을 때 훨씬 성숙한 나를 발견할 수 있었습니다.

사람들은 죽음을 맞이하면서 대개는 자신의 삶을 돌아보고 후회와 아쉬움을 느낍니다.

나는 사랑하는 사람들에게 왜 그렇게 많은 상처를 주었고, 왜 사소한 일로 다른 사람들을 그토록 가슴 아프게 했던가? 꼭 하고 싶었던 일을 마치지 못한 후회와 아쉬움일 것입니다.

정작 죽음이 닥쳐왔을 때에는 아무리 후회해도 어찌할 방법이 없습니다. 만약에 어떤 사람이 죽음의 문턱까지 갔다가 다시 살아오는 경험을 한다면, 그는 인생을 이전과 전혀 다른 시각으로 보며 살 것입니다. 그러나 그러한 경험을 하지 않고도, 죽음을 맞이하는 순간을 상상해 보는 것이 이와 비슷한 경험을 할 수 있는 방법이라고 생각합니다. 즉, 죽음을 생각하는 명상입니다. 이런 훈련은 혼자서 할 수도 있고 집단상담에서 여럿이 할 수도 있습니다. 죽음을 맞이하는 상상 속에 잠겨 있다가 눈을 뜨면 나에게 남아 있는 삶의 시간이 많음을 알 수 있습니다. 그래서 소중한 사람들에게 사랑한다고 말할 시간도, 다투었던 사람들과 화해할 시간들도, 또 의미 있는 일을 해 볼 시간도 많이 남아 있습니다.

그러므로 죽음의 순간을 상상해 보면 자신의 삶이 더욱 새로워지고 사랑하는 사람들이 소중해지며, 또한 자기에게 가장 의미 있는 일과 중요한 일을 다시금 깨닫게 됩니다.[10]

---

10 윤종모, 『나무마을 윤신부의 치유명상』, 정신세계사(2003)

티벳의 스승들이
제자들에게 들려주는 말

"내가 이 세상에 태어났을 때 나는 울었고

내 주변의 모든 사람들은 기뻐하고 즐거워하였다.

내가 이 세상을 떠날 때 나는 웃었고,

내 주변의 모든 사람들은 슬피 울고 괴로워하였다.

당신은 이 세상을 떠날 때 웃을 수 있는 비밀을 이 책에서 찾게 될 것이다."[11]

『티벳 사자의 서』

"저 시체도 얼마 전까지 살아 있던 사람으로 내 육체와 같았을 것이다.

살아 있는 이 몸도 언젠가는 저 시체와 똑같이 될 것이다.

이를 알고 안팎으로 관조하여 몸에 대한 집착에서 자유로워져야

----

11   강선희(선명화), 『티벳 사자의 서』, 불광출판사(2008)

한다."[12]

『수타니파타』

일상생활 속에서 '마음 챙김' 하기

천천히 행동하라.

말을 적게 하라.

일할 때는 한 번에 한 가지씩만 하고, 여러 가지 일을 동시에 하는 것을 줄이도록 하라.

일상 활동하는 동안 호흡에 자주 초점을 두라.

다른 사람과 함께 있을 때, 편안한 느낌이 들도록 이완하라.

전화가 울릴 때, 욕실로 갈 때, 또는 물을 마실 때와 같이 일상의 평범한 일을 할 때 마치 '사찰의 종소리'를 듣는 것과 같이 마음속으로 느껴라.

음식을 먹을 때, 바로 이 순간 내가 먹는 이 음식이 어디서 온 것인가를 살펴보라.[13]

『붓다 브레인』

---

12 작자미상, 『수타니파타』, 지안 역, 지식을만드는지식(2011)

13 릭 핸슨, 『붓다 브레인』, 장현갑 역, 불광출판사(2010)

틱낫한 스님의
기도와 명상

작지만 소중한 행복의 비결

기도는 종교의 전유물이 아니다. 기도는 우주가 인간에게 선사하는 아주 특별하고 소중한 선물이다.

당신이 무엇인가를 간절히 원한다면, 주저하지 말고 기도하기 바란다. 그래서 당신 자신이 우주 안의 모든 에너지와 연결되어 있다는 것을 체험하기 바란다.

기도에 필요한 에너지

기도는 침묵 안에서 이뤄지기도 하고 염송이나 찬송가 같은 노래 혹은 명상수행의 형태로 표현되기도 한다. 이들 모두의 공통점은 무언가 자신의 뜻을 '전달'했다는 점이다. 그 뜻은 어떤 위대한 힘에 연결되려는 열망과 행복에 대한 깊은 소망에서 비롯된다.

위대한 힘이란 우리 밖에 있는 어떤 위대한 존재이거나 우리 내면

깊이 존재하는 영적인 힘이다. 우리 밖에 있는 존재라면 우리가 속한 공동체 전체나 조상 또는 하나님이 될 수 있다.

우리 안에 있는 존재라면 기도하는 '나'와 분리되지 않은 내면의 신성이 된다. 이 위대한 힘에 우리가 사랑과 자비를 보내는 순간 그것은 진실한 기도가 된다.

선순환의 도구

기독교에서 말하는 '신의 의지'는 불교의 '인과응보'에 해당한다. 좋은 생각은 좋은 행동을 이끌고, 좋은 변화를 불러온다. 기도는 그 과정에서 좋은 변화를 이끌어 주는 선순환의 도구이다. 기도로 새로운 에너지를 내면, 그 에너지가 우리의 몸과 마음에 새 場(장)을 열어준다. 그래서 과거의 결과를 바람직한 방향으로 전환시켜 주고 미래에 더 좋은 결과를 낼 수 있도록 도와준다.

창조주는 창조하는 존재이고, 창조물은 그 힘에 의해 창조된 대상이다. 그들은 서로 연결되어 있기에, 이를 '주체'와 '대상'이라고도 할 수 있을 것이다. 창조를 한 주체는 신이며 창조된 대상은 우리가 살고 있는 이 우주이다.

시공을 초월한 힘

우리가 몸과 마음을 위해 좌선수행을 하면 사랑의 에너지가 만들어진다. 그 에너지는 우리의 가슴을 열고 가족, 연인, 배우자, 선후배, 직장동료에게 전달된다. 사랑과 자비의 에너지로 기도할 때 기도는 시간과 공간을 초월하여 전달된다.

기도하는 이와 기도 받는 이

모든 기독교 신자는 예수의 연속이며, 모든 불교 신도는 붓다의 연속이다. 따라서 우리가 붓다와 예수에게 기도할 때 그것은 단지 머릿속의 관념적인 대상에게 기도하는 것이 아니라, 우리 안에 실존하는 그들 본성에 기도하는 것이다. 이때 기도 받는 이가 내 안에 존재하므로 나와 그는 둘이 아니게 된다. 기도하는 자신과 기도받는 신적 대상과의 구분이 사라지는 것이다. 이와 같은 단일함을 이해할 때 우리의 기도는 한결 깊어지고 그 효과는 강력해진다.

마음 챙김과 집중, 통찰의 에너지

마음 챙김은 의식을 현재에 집중하여 자신의 몸과 마음을 주의 깊게 알아차리는 것을 말한다. 우리는 일상 속에서 과거를 생각하거나 미래를 계획하느라 대부분의 시간을 보낸다. 그래서 몸은 현재에 있어도 마음은 현재에 있지 못하다. 그러나 우리의 몸과 마음이 고요해져서 온전히 '지금 여기'에 존재할 때 기도를 할 수 있는 여건이 마련된다.

온몸, 온 마음을 다하라

우리는 온몸과 온 마음을 대해 기도해야 한다. 불교 승려나 가톨릭 수사들은 기도할 때 무릎을 꿇고 두 손을 모으고 머리를 조아린다. 불교나 이슬람교, 그리스정교의 기도에는 절이 포함된다. 절은 자신을 낮추고 마음을 열어 땅에 엎드리는 겸허한 자세다. 효과적인 기도에는 몸과 마음 모두의 집중이 필요하다. 마음 챙김으로 몸과 말과 마음은 하나가 될 수 있다. 이들이 하나가 된 상태일 때 우리는 어려운 상황을 변화시킬 수 있는 사랑과 믿음의 에너지를 만들어 낼 수 있다.

지혜로워야 한다

태어남이 있는 한 죽음이 있다. 시작이 있다면 언제나 끝이 있다. 행복은 불행이란 것이 있기에 존재할 수 있다. 불행했던 경험 없이 우리는 어떤 것이 행복인지 알 수 없기 때문이다. 이 상대성의 균형상태를 이해할 만한 충분한 지혜가 우리에게 있는가? 행복과 불행이 동전의 양면처럼 서로가 서로를 보완한다는 것을 이해할 수 있는가? 진정한 기도는 이러한 상대성을 넘어선 더 높은 곳을 지향해야 할 것이다. 그렇지 않다면 그 기도는 이기심을 담은 어리석음이나 탐욕의 표현에 지나지 않을 것이다. 따라서 우리는 자신이 하는 기도가 전체를 담고 있는지, 아니면 부분만을 담고 있는지 깊이 살펴보아야 한다.

신은 지금 여기에 있다

신을 만나는 또 다른 길이 있다. 왜냐하면 신은 그 자신의 피조물을 통해 스스로를 드러내고 있기 때문이다. 하나의 나무, 하나의 꽃, 하나의 돌멩이와 한순간 깊이 감응하면 그 안에서 우리는 신의 숨결을 느낄 수 있다. 신을 추상적인 개념으로 찾을 필요는 없다. 그는 지금 여기에서 구체적인 협상을 통해 존재하기 때문이다.

명상에서 답을 찾다

미국의 한 연구기관에서는 명상이 마음의 불안을 감소시키고, 신체의 면역력을 강화한다는 사실을 밝혀냈다. 마음 챙김을 하며 걷거나 호흡하는 것은 몸에 쌓인 독소의 해독작용을 돕는다. 명상을 하면 고요한 마음상태에서 평화와 기쁨을 경험할 수 있다.

기도의 유용한 도구

三法印(삼법인)은 붓다가 발견한 불교의 핵심적인 진리로 기도의 유용한 도구가 될 수 있다. 삼법인은 諸行無常(제행무상), 諸法無我(제법무아), 涅槃寂靜(열반적정)으로 이루어진다. 제행무상은 이 세상에 영원한 것은 아무것도 없다는 뜻이다. 즉, 모든 존재가 한순간도 같지 않고, 끊임없이 변화하고 있다는 것이다. 이로부터 제법무아의 가르침이 나온다. '나'라는 것 역시 다른 존재들과의 상호연관성 안에서 존재할 뿐 분리되거나 독립되어 있는 실체가 아니다. 이렇듯 고정된 실체가 없다는 것을 우리는 '비어 있다'고 표현한다.

기도를 할 때 '기도하는 이도, 기도받는 이도 비어 있다.'는 말은 두 존재가 깊이 연관되어 있다는 말이다. 즉, 기도하는 '내'가 있기에 기도받는 '붓다'가 존재한다. 그와 나는 분리된 존재가 아니라 서로가 서로를 포함하고 있다.

'열반적정' 역시 태어남과 죽음이 존재하는 현상세계 안에 초월적인 세계가 있다는 것이다. 끊임없이 변화하는 물질세계 안에 영원한 열반의 세계가 있다. 우리를 둘러싼 나무, 꽃, 새들의 세계 안에서 매 순간 새롭고 충만한 자유를 발견하는 것, 이것이 곧 궁극적인 차원을 만나는 길이다. 사물의 본성과 상호연관성을 밝힌 삼법인을 이해하면, 우리 주변의 세계를 더 깊이 바라볼 수 있다. 그 과정에서 우리의 기도 역시 깊어질 것이다.

기도를 위한 명상

명상은 불교수행의 정수다. 명상의 목적은 수행자로 하여금 만물의 실체에 대한 깊은 이해에 도달하게 하는 것이다. 이러한 이해와 통찰은 우리를 두려움과 걱정, 우울에서 벗어나게 한다. 이로부터 자비가 우러나오며 삶의 질이 향상되어 스스로와 주변 사람들에게 자유와 평화, 기쁨을 가져다준다. 20세기 후반, 서구인들은 명상에 觀心(관심)을 기울이기 시작했다. 서구의 물질적 풍요는 진정한 행복을 가져오지 않았다. 우리가 살면서 느끼는 슬픔과 걱정, 불안은 영적인 삶을 통해서만 해결할 수 있다.

고통을 놓아 버려라

욕망, 두려움, 분노가 깊이 어울리면, 공기와 물이 없어 아름답게 자랄 기회를 잃어버린 씨앗과 같아진다. 억눌린 감정은 의식 밑에 숨은 채로 우리의 마음을 구속하고, 우리가 의도하지 않은 방향으로 행동하게 만든다. 매우 강한 '정신적인 족쇄'가 되는 것이다. 그런데 우리에게는 고통과 절망의 느낌을 직면하지 않으려는 경향이 있다. 우리는 쉴 새 없이 TV를 보고, 라디오를 듣고, 음식을 먹는다. 책을 보고, 신문을 읽고, 잡담을 한다. 마음의 공간을 이런 내용물로 꽉 채워서 의식 밑바닥에 놓인 고통의 감정들을 떠오르지 못하게 하는 것이다.

우리의 몸은 피가 제대로 순환하지 못할 때 병이 생긴다. 마찬가지로 정신현상이 억압되어 순환하지 못할 때도 정신적, 신체적 질병의 증상이 나타난다. 우리는 정신적 억압을 어떻게 멈추는지 알아야 한다. 욕망, 두려움, 분노 등의 감정이 '떠오를' 기회를 주어 이를 의식하고 변형시켜야 한다. 분노, 절망, 슬픔의 감정이 일어날 때마다, 이를 알아차리고 껴안으면 부정적 에너지는 차츰 소멸한다. 처음 의식할 때 약간의 에너지가, 그다음 의식할 때 더 많은 에너지가 풀려나 횟수를 거듭할수록 우리의 정신을 더 자유로워진다. 하루에 단 5분에서 10분간 명상하는 것만으로도 도움이 될 것이다.

앉으나 서나, 걷거나 누워서도

우리가 어떤 자세로 무엇을 하든, 몸과 마음에 마음 챙김과 집중의 힘만 지니고 있으면, 그것이 명상수행이다. 우리가 일상의 매 순간을 깨어서 맞이할 때, 과거에 대한 후회나 미래에 대한 불안에 끌려다니지 않게 된다. 마음 챙김이란 어떤 현상을 단순히 알아차리는 것이다. 그것을 편들거나 판단하거나 좋아하거나 무시하지 않고 '그냥 보는 것'이다.

행복을 원한다면

현대사회의 많은 사람들이 돈과 명예, 권력과 섹스 등 감각적 욕망의 대상을 따라 살아간다. 그러나 욕망을 통해서는 결코 진정한 행복을 만날 수 없다. 욕망이 없을 때 우리는 진정 자유롭고 편안할 수 있다.

단순하고 건강한 삶에 감사하고 만족할 수 있다. 소박한 삶이 주는 행복을 받아들일 지혜를 지녀야 한다. 자기 자신이 가진 것 이상을 바라지 않는 자족의 삶, 적게 쓰고 많이 행복해하는 것, 이것이 내가 제안하는 '작지만 소중한 행복'의 비밀이다.

진실로 기도란 행복하고자 하는 우리의 단순한 소망에서 시작되어 마음의 평화와 기쁨이란 결론으로 되돌아온다. 진정한 행복은 '지금'이라는 순간에 온전히 깨어 있을 때 가능하다.[14]

---

14 틱낫한, 『기도』, 김은희 역, 명진출판사(2013)

호흡명상실행의
안내(초보자를 위한)

자, 명상에 들어가겠습니다.

가장 편한 자세로 앉으시고, 머리는 전면을 향해서 힘을 빼고 자연스럽게 하십시오.

어디에 어떻게 자리 잡든 괜찮습니다.

두 손을 가능하면 무릎 위에 놓습니다.

눈을 떠도 되고 감아도 됩니다.

그러나 반절쯤 지그시 감는 것은 보기에도 좋습니다. 부처님처럼.

온몸에 긴장을 풀고 모든 생각을 멈추시고

이제 마음을 호흡에 모으겠습니다.

호흡을 통제하지 않습니다. 단지 호흡감각을 가만히 지켜봅니다.

들숨을 언제 시작하고 언제 끝나는지

날숨이 언제 시작되고 언제 끝나는지 가만히 호흡만을 지켜봅니다.

들숨, 날숨, 코를 통해서 공기가 들어오고 나갑니다.

호흡만을 의식하고, 마음을 아랫배에 모읍니다.

이때 코끝을 의식할 수도 있습니다.

나는 지금 오직 숨 쉬고 있으며, 살아 있음을 느낍니다.

나는 지금 살아 있음을 확인합니다.

만약 호흡에 마음이 집중되지 않으면 쉬운 방법이 있습니다.

숨을 들이쉬면서 '하나', 숨을 내쉬면서 '둘', 다시 들이쉬고 하나, 내쉬면서 둘.

같은 방법으로 이렇게 열(10)의 숫자를 천천히 마음속으로 세면서

호흡하고 있음을 관찰하십시오.

호흡에 숫자 열(10)을 세는 이유는 호흡만을 의식하여 집중하기 위한 방법이고,

열(10)까지만 세는 이유는 숫자에 집착하지 않기 위해서입니다.

이 방법을 數息法(수식법)이라고 합니다.

들숨날숨을 관찰하면서 마음이 아랫배에 가 있으면,

잡념이 사라지고 현재의 나를 발견하게 되며 살아 있음에 행복을 느낄 수 있습니다.

들숨에 배가 올라오면 '올라옴', 날숨에 배가 들어가면 '사라짐'을 의식합니다.

호흡하고 있는데도 어떤 생각이 떠오르면 저항하지 말고,

떠오르는 생각을 그대로 바라만 보세요.

그리고 다시 호흡으로 되돌아오면 됩니다.

떠오르는 생각은 흘러가는 뜬구름같이 그냥 바라만 보세요.

강 건너 불 보듯이 그 생각은 아무런 의미가 없는 것으로

분석하거나 확인하지 말고, 내려두면 사라집니다.

이렇게 5분 내지 10분 정도 호흡을 관찰하고 눈을 뜨면 머리가 맑아짐을 느끼게 됩니다.

명상은 자연스러운 호흡으로부터 시작됩니다.

기분이 좋으면 '아~ 기분이 상쾌하다. 나는 행복하다'라고 생각하면서 일상으로 돌아오는 것입니다.

명상을 계속하게 되면 모든 사물과 자기 자신에 만족할 줄 알고 세상의 순리를 체득하게 됩니다.

제5장

죽음이란
무엇인가?

아름다운 臨終(임종)은 미소 지으며 죽는 것이다.

자식과 재물과 자신의 욕구를 비우기 위해서 삶의 주변을 정리해야 한다.

이 세상 모든 것은 본래 실체가 없는 허상이고 모든 존재는 인연 따라 사라지는 것이다.

죽음을 미리 준비하면 삶이 풍요롭고 겸손해진다.

죽음으로 육체는 소멸하지만 영혼은 계속 존재한다고 생각해도 좋다.

그러므로 죽음과 삶은 같은 것이다.

위빠사나 修行(수행)으로 臨終(임종) 순간까지 알아차리는 것이 涅槃(열반)이다.

Well-Dying
실천을 위하여

죽음을 위한 마음가짐

만약 지금 갑자기 죽는다면 어떻게 죽을 것인가? 웃으면서 여유 있게 떠날 준비가 되어야 한다. 죽음은 삶의 마무리, 삶의 결론이다.

죽음이 두렵고 절망적이라고 생각하면 불행한 죽음을 자초하는 것이다.

마지막 죽음의 모습은 9가지 종류가 있다고 한다. 절망과 두려움, 부정, 분노, 슬픔, 삶의 마무리, 수용, 희망, 마음의 여유와 웃음, 밝은 죽음이다.

나는 어떤 과정으로 그 모습을 보일 것인가? 갑자기 찾아오니까 이상하다고 느끼겠지만 빨리 알아차리고 마음의 여유를 갖고 밝게 웃으면서 눈을 감기를 희망한다.

죽음 앞에 선 '나'의 존재

육신이 호흡과 심장박동을 멈추면 영혼은 3일 반에 걸쳐 육신으로부터 분리된다고 한다. 이때 죽어가는 육신은 나 자신일까? 그때 죽은 육신이 나인지, 분리된 영혼이 나인지 알 수 있을까? 나라고 부를 수 있는 존재는 아무것도 없지 않을까?

내가 누구인지, 어떤 존재인지 평생 알지도 못하고 되는대로 살아온 인생을 그때야 생각할 필요를 느끼지도 못할 것이다.

그런데 나의 인생은 어떻게 살아왔는가? 나와 관계된 모든 사람들에게 어떤 인상을 남겼을까? 나의 삶 중에서 자랑할 만한 선행을 한 것은 있는가? 별로 없는 것 같다. 오직 나만을 위해서 주어진 상황에 따라 근면, 성실, 정직, 노력만을 신조로 살아왔다. 그래서 나의 죽음도 나만을 위해서 웃으면서 죽는 것을 생각하고 있지는 않은가? 그러나 삶에 애착을 두는 것은 없다. 할 일은 다 했다고 생각해서 미련도 없다. 살 만큼 잘 살아왔다고 생각하고 있다. 아쉬움이나 두려움이 없다. 다만 이것이 인생의 마지막이라고 체념할 때 서운하기는 할 것이다. 그러나 Well-Dying이 무엇인지 공부하고 있으니, 저 푸른 하늘처럼 마음을 비우고 고향 금강에 흐르는 물처럼 자연의 법칙에 따라 순응할 것을 기원한다.

Well-Dying을 위한 명상

명상은 내 마음의 지혜와 근면한 실천을 통합시켜 웃으면서 죽을 수 있는 경지에 도달하는 데 목적을 둔다. 아침저녁으로 30분 정도씩 호흡명상, 걷기명상, 음악명상을 하여 매일 하루 세끼 식사하는 것과 같이 규칙적으로 내 영혼에 영양을 공급할 것이다.

죽음이 언제, 어디에서, 어떻게 찾아올지 알 수는 없다. 다만 내가 죽음을 피할 수 없는 것은 자연의 법칙이고 당연한 사실이다. 자동차 사고나 과식과 과음 등의 어리석은 행동으로 죽음을 불러오거나, 무리한 욕심 때문에 타의로 죽임을 당하는 것도 있을 수 없다. 최선을 다하여 심신의 건강을 유지하고 재해를 미연에 방지하는 것이 나를 낳아주신 부모님에게 효도하는 것이고, 이 시대의 문화와 문명을 활용하는 지성인의 행동이라고 생각한다.

머지않아 죽음이 찾아올 것이다. 언제 어디서이든 죽음 앞에서 나는 의연하고 虛心坦懷(허심탄회)하게 준비한 바 그대로, 諸行無常(제행무상), 諸法無我(제법무아), 一切唯心造(일체유심조)의 숙달된 명상으로 빙그레 웃고 지금의 옷을 갈아입을 것이다. 나도 즐겁고 내 가족도 즐거운 마무리로 노년 인생의 모범이 되고 싶다.

오늘도 걷는 인생길, 바쁜 일도 없으니
시계는 풀어놓고 천천히 더 느리게 걷는다.[15]

----

15 오진탁, 『마지막 선물』, 세종서적(2007)

Well-Dying 준비를 위한
8가지

올바른 죽음 이해를 갖춘다

죽음에 대한 오해가 심각한 만큼 죽음을 바르게 이해하게 하는 책을 읽어 보는 것이 필요하다. 독서를 통한 죽음 치유는 다른 어떤 방법보다 효과적이다. 좋은 책을 한 번 읽는다고 해서 죽음을 바르게 이해할 수는 없지만, 깊이 있게 정독하면 최소한 죽음 이해의 토대는 마련할 수 있다. 사회에 생명(죽음 준비)교육이 거의 없다 보니 사람들은 죽으면 모든 게 끝이라는 잘못된 사고방식에 빠져 있다. 불행한 죽음이나 자살이 양산되고 자살 충동자가 늘어나는 것도 생명 교육의 부재 때문이다. 죽음에 대한 터부가 심각하니까 죽음을 일상대화로 올려 주위사람들과 대화를 자주 나누어야 한다.

임종방식을 묻고 답하기

죽음을 맞이하는 방식이야말로 우리 삶의 결론이다. 임종방식에는 그가 살아온 전부가 담겨 있다. 죽음은 만인에게 평등하지만, 실제로 임종방식은 사람마다 다르다. 죽은 이후 빛의 존재가 제기하는 두 가지 질문에 우리는 무슨 답을 할 수 있을까. 첫째, 나는 어떤 사람인가. 어떤 삶을 살았는가? 둘째, 나는 죽을 때 마음의 흔들림 없이 평화로웠는가?

'사전의료의향서' 준비

더 이상 치료 가능성이 없을 경우 무의미한 치료의 중단을 요구하면서 자연스럽게 죽음을 맞이하겠다는 의지를 확실히 표명해두기 위해 미리 '사전의료의향서'에 서명해 둔다. 이를 가족에게도 설명해주고 동의를 구해 놓는다면 위급한 순간을 당하더라도 자기가 원하는 방식으로 다른 세상으로 떠날 수 있다.

여행 떠날 준비

갑자기 죽음이 찾아오더라도 후회하지 않기 위해 오늘이 마지막이라는 마음으로 삶을 정리하면서 산다. '오늘'은 어제 죽은 사람이 살기 원했던 시간이므로 의미 없는 일에 시간을 낭비하지 말아야 한다. '삶에서 가장 중요한 일'은 무엇일까? 죽음은 이 세상에서 소유했던 모든 것을 전부 놓아두고 떠나는 것이므로, '영혼의 성숙'이나 '사랑의 실천'과 관련된 일이야말로 삶에서 가장 핵심적인 일이다.

장례방식결정

화장, 매장, 수목장, 자연장 중 자기가 원하는 장례방식을 미리 정하고 가족에게 알려준다. 장례식이 밝은 분위기에서 진행될 수 있도록 참석자들에게 전하는 자신의 메시지를 미리 준비해 가족에게 낭독하도록 일러둔다. 동영상을 준비해 마지막 인사를 하는 것도 좋은 방법이다.

유서 작성

해마다 연초 혹은 연말에 유서를 작성해둔다. 전에 작성한 유서를 읽어보고 수정사항이 있으면 수정한다. 삶의 회상과 마무리, 죽음 이해 임종방식(사전의료의향서 준비), 장례방식(사전장례의향서 준비), 가족과 친지에 대한 작별인사 등을 중심으로 작성한다. 삶의 시간이 6개월밖에 남지 않았다고 가정하고, 앞으로 나는 어떻게 살고 어떻게 떠날 것인지 마음을 정해 유서에 표시한다.

사랑의 실천

'잘살아야 잘 죽는다'는 말에서 '잘산다'는 말은 세속적인 의미가 아니라 '영혼의 성숙'을 뜻한다. 영혼의 성숙이란 곧 지혜의 발현과 사랑의 실천을 의미한다. 진정 인간답게 '잘'살고 있는지 자신에게 물어보는 것이야말로 죽음 준비의 첫 단추를 끼우는 일이다. 세속적 가치의 울타리 안에만 갇혀 진정한 의미에서 잘살고 있지 못하다면, 죽음은 전혀 준비되지 않은 것이나 다름없다.

치유를 위한 명상

아침기상시간이나 취침직전 등 일정한 시간을 정해 죽음과 삶 치유를 위한 명상을 규칙적으로 수행한다. 달라이 라마도 매일 '죽음명상'을 여러 차례 실시하고 있다. 자신이 믿고 있는 종교의 명상이나 기도를 행하면 된다.

– 한림대 생사학인문한국연구단 뉴스레터

종교에서
죽음의 이해

동양 종교의 죽음관에 대한 정리

무속에서는 인간의 죽음을 인간의 영혼이 육신 消去(소거)하여 영혼 존재로 회귀하는 것으로 봤는데, 인간은 사후에 자신의 행적에 따라 극락에서 혹은 지옥에서 영원히 산다고 생각했고, 혹은 죽은 후에 종을 달리하여 이 세상에 다시 태어날 수 있다고 생각했다. 무속이 이렇게 영혼 불멸과 비교적 정리된 사후 세계에 대한 관념을 가지고 있기는 하지만, 무속자체는 현세에 대해 지극히 집착할 만큼 관심을 가지고 있으며 현세에 가치를 두고 있다.

유교에서는 죽음이란 一元氣(일원기)에서 모인 氣(기)가 일정 기간 존속하다가 그 기운이 다하게 되어 흩어져 다시 일원기로 돌아가는 과정으로 이해된다. 그러나 유교에서는 죽음 자체의 의미나 죽어서 시작하는 또 다른 세계에 대해서는 거의 관심을 보이지 않는다. 즉, 後生(후생)에 대해 부정을 한 것은 아니지만 회의적인 태도를 보이는 것이다. 오히려 유교에서는 삶과 죽음으로써 앞뒤로 연장될 수 있는 상념을 처음부터 단념하고 일회적인 인생 자체에 몰두하도록 가르치고 있다.

불교와 힌두교는 같이 이해해 볼 수 있는데 죽음이란 육신을 구성하고 있는 조직의 파괴에서 나타나는 현상으로 보고 있으며 인간은 자신의 깨달음으로서 존재론적 석방 내지는 자유화를 이루어 業(업)과 輪廻(윤회)를 벗어난 涅槃(열반)의 경지에 이르지 않으면 탄생은 계속될 것이다. 따라서 죽음과 죽음에 대한 공포에서 벗어날 수도 없다고 말한다.

그리스도교의 죽음관에 대한 정리

그리스도교의 죽음 이해는 서양의 죽음 이해의 기반이 된다고 할 수 있다. 즉, 구약성서에서 죽음은 보편적이며 죽음과 관련된 인생의 허무함과 연결되는 반면, 노년기의 죽음을 하느님의 축복으로 이해함을 볼 수 있다. 하지만 후대에 갈수록 묵시사상이 유입되면서 죽음 그 자체의 실체성에 관심을 둠으로써 생명이 상실되는 형벌의 장소로서의 '셰올'로 이해되는 모습을 볼 수 있다.

이는 죽음을 죄와 벌에 연관시키는 것으로써 아담의 죄 아래 인간에게 주어진 벌로써의 죽음으로 이해되고 있는 것이다. 따라서 중요한 것은 생명이 거두어진 상태라고 하는 죽음이 결국 하느님의 권능과 지배 아래 있는 것으로서 죽은 자의 부활을 기대하는 모습으로 연결됨을 볼 수 있다. 이러한 구약의 죽음 이해는 신약시대에 들어와서 예수그리스도의 죽음과 부활에 연결됨으로써 확인되는 셈이다.

예수의 죽음은 심연의 고통과 어두움 속에서도 성부 하느님에 의해 새로운 생명에로 들어가게 되는 놀라운 구속의 은혜를 입증한다. 이러한 예수의 죽음과 부활은 초대 교회에서 이중적인 죽음의 이해를 하게 한다. 즉, 죽음은 생물학적인 삶의 종말이면서 하느님을 거스르는 죄악 속에서 사는 것이다.

그러므로 서구에서 그리스도교를 바탕으로 한 죽음 이해란 죄에 대한 형벌인데도 그리스도로 말미암아 구원의 은혜를 입는다는 것, 그리고 죽음은 인간 본연의 것으로서 인간 완성의 단계뿐만 아니라 그리스도와 함께 영생의 자리에 이른다는 것으로 요약할 수 있을 것이다.

동서양의 죽음관 요약

무속에서 망자를 천도하는 굿판도 하나의 통과의례이자 축제다. 죽음도 이와 같이 산 자와 죽은 자의 신령계 사이의 조화로 처리된다.

유교의 죽음은 철저한 인본주의 입장에 있다. 인간은 자연의 일부분으로서 결국 자연에서 나서 자연으로 돌아간다.

불교의 삶과 죽음은 윤회라고 하는 끝없이 순환의 고리가 '삶이란 한 조각 구름이 일어난 것, 죽음이란 한 조각 구름이 스러지는 것'으로서 삶과 죽음은 수평선상의 구도다.

그리스도교의 죽음은 예수의 죽음을 통한 하느님의 구원 역사의 실천이다. 그리스도인에게는 죽음이 패배가 아니라 성취다.

죽음에 대한 공리

죽음은 보편적이다.

모든 생명체는 결국 죽는다. 죽음은 필연적이고, 피할 수 없다.

죽음은 되살릴 수 없다.

죽은 유기체는 다시 살려 낼 수 없다.

죽음은 더 이상 기능하지 않는 것이다.

죽음은 모든 생리적 기능 또는 생명의 신호가 정지하는 것을 포함한다.

죽음에는 이유가 있다.

죽음에 발생에는 생물학적 이유가 있다.

인간은 사후의 인간 존재에 대해 생각을 정리하고자 한다.[16]

----

16 조계화, 이윤주 외 1인, 『죽음학 서설』, 학지사(2006)

미소 지으며
죽는 법

죽음을 두려워하는 사람들

죽음을 두려워하는 첫 번째 부류의 사람들은

자식과 재산에 집착하는 사람이다. 아들과 딸 그리고 재산에 마음을 완전히 빼앗긴 사람들은 그것에 크게 집착한다. 그래서 그들은 죽음이 임박했을 때 사랑하는 이들과 재산을 두고 떠나야만 하는 외로운 상황에 직면한다. 이것은 괴로움의 진리인 苦聖諦(고성제)를 모르기 때문이다. 자식과 재산에 대한 생각이 결국은 괴로움의 진리라는 사실을 모르기 때문에 자식과 재산에 집착하며 살았던 것이다. 세상 모든 것은 '항상 하지 않는 것', 즉 無常(무상)의 진리와 '내가 없다는 것' 無我(무아)의 진리가 괴로움의 참된 진리인 것을 모르는 無知(무지) 때문이다. 죽음을 직면해서 두려움에 떠는 사람은 자식과 재산을 두고 떠나야 한다는 생각에 더욱더 슬퍼하고 무서워한다.

죽음을 두려워하는 두 번째 부류의 사람들은
자기 자신에 집착하는 사람이다.

자기 자신에게 지나치게 집착하는 사람은 죽을 때 자기 몸을 완전히 떠나야 한다는 사실이 큰 두려움으로 다가온다. 그 사람은 그동안 영원하지 않을 것을 영원하다고 믿어왔기 때문이다. 영원히 변하지 않고 지속되는 것은 이 세상에 아무것도 없다. 우리의 몸과 마음은 自我(자아)로 실재하는 것이고, 몸과 마음을 '나'라고 본다는 것은 잘못된 견해이다. 諸行無常(제행무상)의 진리에 따라 모든 것은 본래부터 없다고 하는 諸法無我(제법무아)의 진리가 바로 '없는 나'를 있다고 믿기 때문에 자기 자신에게 집착하게 된다.

죽음을 두려워하는 세 번째 부류의 사람들은
선한 공덕을 쌓지 못한 사람이다.

경쟁 속에 살아야 하는 현대인들은 탐욕, 성냄, 어리석음을 가지고 물건을 사기도 하고 팔기도 한다. 또한 다른 사람을 속이기도 하고 무시하기도 하는 등 부도덕한 행위를 하면서 살아간다. 그리고 자기의 생각과 행동이 五蘊(오온)의 작용인 것을 바르게 이해하지 못한다. 자신의 '마음의 눈'으로 일어남과 사라짐의 현상인 무상과 무아를 구분하고 또 지켜보는 수행을 하지 못한다. 그래서 도덕적이고, 칭찬받을 만한 선한 공덕을 쌓지도 못한다. 선한 공덕을 쌓아야 한다는 마음마저도 갖지 못한 채, 정신없이 살아오다가 죽음에 임박해서야 '나'만을 위해서 살아온 것과 인생에서 중요한 것이 무엇인지 생각하지 못한 어리석음을 후회하고 자기가 저지른 과오를 깨닫는 순간 죄책감에 빠지고 만다.

죽음을 두려워하는 네 번째 부류의 사람들은

12 연기를 이해하지 못한 사람(緣起: 연기란 존재하는 모든 것을 因(인)과 緣(연)이 화합하는 조건에 의해 이루어진다는 진리다)이다.

연기를 모르는 사람은 자신이 어디서 왔으며, 죽어서 어디로 가는지를 모른다. 연기의 시작은 무명이다. 이것은 無明(무명)을 원인으로 무엇이 일어나는가를 모르기 때문이다. 무명은 연기를 모르는 것이고, 연기의 시작을 모르는 것이고, 연기의 끝을 모르는 것이다. 12 연기의 각 요소는 각 단계마다 앞선 원인에 의해 조건 지어지고, 동시에 그다음 따라오는 결과의 선행하는 원인이 된다. 즉, 우리들 자신의 존재 안에서 일어나고 있는 '실재'이다.

죽음을 두려워하지 않는 사람들

위빠사나 명상수행을 하면서 죽음을 맞이하는 사람들이다.

죽음에 임박하여 아들과 딸, 재산 등이 나의 것이 아니라는 것(無我(무아))을 생각하고 그것들은 실로 '영원하지 않은 것(無常(무상))'이라고 미리 알고 있는 사람, 즉 영원하지 않고 주체가 없다는 의식이 준비되어 있는 사람들은 두려움이 없다.

五蘊(오온)의 강렬하고 괴로운 느낌들이 일어날 때, 그것이 자신의 의지로 일어난 것이 아님을 알고 있는 사람이다. 즉, 자신의 '오온'을 진정한 無常(무상), 苦(고), 無我(무아)로 본다면 전혀 두려워하지 않는다.

다음으로 죽어가는 바로 그 순간에 느낌을 알아차린다.

죽음을 두려워하지 않는 사람은, 밤낮으로 위빠사나 수행을 하고 알아차림을 지속하여 열반을 얻는 사람이다. 위빠사나 명상수행자는 일상의 모든 사물대상에 대하여 '일어나고 사라지는' 현상을 제대로 지켜보면서 죽음에 대한 준비가 잘 된 사람이다. 이 부류의 사람은 고통스런 느낌의 '일어나고 사라지는' 현상을 지켜보는 동안 죽을 수 있는 도의 지혜를 얻는다.

위빠사나 수행을 하는 사람은 죽음이 가까이 왔을 때 느낌의 '일어남과 사라짐'을 알아차려서 죽음을 두려워하지 않는다. 피할 수 없는 죽음을 두려워하지 않을 뿐 아니라, 미소 지으며 죽음을 맞이할 것이라고 부처님은 말씀하셨다. 미소 지으며 죽을 수 있는 사람은 고통스런 느낌이 강하게 일어날 때, 그 느낌의 '일어남과 사라짐'을 계속해서 알아차린다. 그런 다음에는 모든 고통이 완전히 소멸하는 때가 분명히 나타난다. 이런 사람은 오른쪽으로 몸을 돌려 누워서 죽음을 맞이한다. 이런 자세로 죽는 사람은 피부와 안색이 맑고 깨끗하며 미소를 짓고 있음을 볼 수 있다. 머리 또한 오른편으로 향해 있을 것이다.

위빠사나 수행자는 첫 번째로 그들의 아들과 딸과 모든 재산들을 위빠사나 수행의 알아차림 대상으로 삼아, 실제로는 모든 것이 내 것이 아닌 무아이며, 모든 것을 덧없는 무상으로 본다.

두 번째로 위빠사나의 알아차림으로 자신의 몸이 무아이며, 거기에 영혼이나 자아는 없다는 것을 볼 수 있다. 세 번째로 오온의 무더기들이 일어나고 사라지는 현상을 지속적으로 알아차리는 선한 행위를 끊임없이 해 온 사람들이다. 네 번째로 죽음이 가까워질 때 온갖 의심에서 벗어난 상태에서 느낌이 완전히 소멸할 때까지 알아차림을 계속하여 원인이 소멸하면 결과 또한 소멸한다는 것을 잘 알면서 죽을 것이다. 그들은 숨을 거두기 전에 열반이라는 지고의 행복을 분명하게 볼 수 있다.

우리에겐 두 가지 죽음의 길이 놓여 있다.

하나는 미소 지으며 죽는 것이고, 다른 하나는 두려움에 떨다 죽는 것이다.

위빠사나 명상수행은

매 순간 새로운 느낌이 일어날 때마다 알아차려서 '사라지는' 소멸을 주시할 수 있어야 한다. 즉 느낌은 우리가 생각하는 것처럼 계속되는 것이 아니라 매 순간 일어나고 사라지는 현상들이 연속하는 것이다, 거기에는 오로지 '일어나고 사라지는' 현상만이 있을 뿐이다.

흘러가는 느낌에 알아차리는 위빠사나의 도가 개입함으로써 각각의 소멸이 도(道)에 의해 통제된다. 이런 방식으로 오직 소멸하는 현상의 흐름만 알게 될 것이다.

죽음이 다가와 극심한 고통을 겪을 때, 지속적으로 일어나는 모든 현상을 지속적으로 알아차리면 이 세상에 대한 애착이 떨어지고 철저하게 냉정해지며, 자아의식이 소멸해 완전한 지혜인 열반으로 향한다.

느낌을 알아차릴수록 느낌은 점점 더 희미해진다. 그리고 '사라짐'의 통합된 흐름으로 바뀌는 상태에 대해 철저하게 혐오하게 되어 완전한 소멸에 이른다.

느낌이 소멸하면 오온이 소멸하고 그 자리에 열반이 일어난다. 오온의 짐을 벗어던지고 완전한 해탈의 자유를 누리게 된 것이라면 미소 짓지 않을 수 없을 것이다.

　선언, 나는 잘 죽을 수 있는 준비를 하고 있다. 그러므로 나는 미소 지으며 죽을 것이다![17]

---

17 우 쉐이 띤, 『미소 지으며 죽는 법』, 김춘란 역, 행복한숲(2010)

삶이 소중한 이유는
언젠가 끝나기 때문이다

메멘토모리(Mementomori): 좋은 죽음 나쁜 죽음

인간에게 죽음은 탄생에 비견될 가장 큰 사건이다. 죽음은 한 인간의 경험의 끝이요, 모든 관계와의 단절이다. 죽음은 뒤돌아보지 않는다. 그래서 차갑다. 차가운 죽음은 근원적인 질문을 던지며, 사람들에게 말을 걸어온다. 죽음은 좋은 것인가 나쁜 것인가? 죽음은 삶의 끝인가, 또 다른 시작인가? 죽음이 끝이라면 삶의 가치는 무엇인가? 죽음이 밀어내는 질문들은 밀려드는 파도처럼 끝없다. 그 질문들에 대한 답은 객관적으로 존재할까? 답은 누구에게나 있을까? 어쩌면 죽음은 삶에 대한 많은 답을 제시해주는 길인지도 모른다.

비탐애테르남(Vitamaeternam): 사후세계와 의식

죽음 뒤에 무엇이 기다리고 있을지 우리는 알지 못한다. 무엇이 있다고 믿을 뿐이고, 무엇이 없다고 믿을 뿐이다. 종교는 죽음 뒤에 무엇이 있을지 알려주기 위해 부단히 애썼다. 그러나 아무것도 증명된 것은 없다. 죽은 자는 말이 없기 때문이다. 그러나 죽었다가 되살아난 자들이 있다. 그들은 보고 느끼고 경험한 것을 증언한다. 그리고 그들이 희미하게 본 세계를 통해 "무엇이 있음"을 증명하려는 이들이 생겨났다. 죽어서도 의식이 남아 있다면, 의식은 어디로 갈까? 죽어서도 살아남는 의식이란 과연 무엇일까? 사후세계를 과학으로 설명할 수 있을까? 이제 이 질문들의 실타래를 풀어 볼 차례다.

아르스모리엔디(Arsmoriendi): 죽음의 기술

자연의 순환은 어렵지 않게 알 수 있다. 씨가 뿌려지면 뿌리는 뻗고, 싹을 틔우고, 줄기를 내고 꽃을 피운다. 때가 되면 그 꽃은 반드시 땅에 떨어진다. 반드시 꽃이 피어남이 끝이 아니라, 꽃이 떨어짐이 끝이다. 하지만 떨어짐이 끝이라 할 수 있을까? 떨어진 꽃잎은 다시 흙이 되고, 그 흙은 다른 꽃의 토양이 된다. 한 사람의 죽음도 그런 것 아닐까? 다른 사람의 토양이 되는 죽음, 그 죽음을 토양으로 받아들인다면 우리는 토양으로부터 가장 중요한 것을 배울 수 있을 것이다. 그것이 바로 죽음의 기술일 것이다.

EBS 「죽음」 중에서

안락사에
대하여

안락사의 정의

『안락사』라는 말은 'euthanasia'로서 'eu'는 좋다(good)는 뜻을 의미하고 'thanatos'는 죽음을 의미한다. 즉, 좋은 죽음, 안락한 죽음을 의미한다. 오늘에 와서는 본래의 뜻과는 달리 안락사(mercy killing)는 고통을 종식시키기 위한 安樂殺害(안락살해)의 뜻으로 이해되어 왔다.

안락사라는 용어는 고대 희랍어에서 유래했으나 자살방조(assisted suicide)라는 뜻이 담겨있고, 동양에서는 일본에서 처음 번역한 것을 한국에서도 그대로 사용하고 있다. 50년 전만 해도 우리말 사전에는 이 용어 자체가 없었으나 사회가 고령화되면서 현대의학의 발전과 함께 등장한 새로운 용어이다.

안락사는 '고통과 통증이 없는 편안한 죽음'을 의미하는 것으로, 현대사회에서는 극도의 고통을 없애거나 의료적 기구에 의존한 생명연장을 멈추기 위해 의학적 개입을 통한 죽음을 의미한다. 안락사는 여러 학자들에 의해 다양하게 논의되고 있는데, 일반적으로 안락사에 개입하는 시행자의 행위와 당사자의 의사 정도에 따라 분류되고 있다.

안락사의 분류

안락사의 분류는 관점에 따라 능동적·수동적·자발적·비자발적·간접적·직접적인 안락사 등으로 다양하고 광범위하게 분류된다. 그러나 근래 우리 사회에서 언급되는 안락사를 쉽게 이해하기 위해서는 크게 적극적 안락사, 소극적 안락사 그리고 간접적 안락사로 구분하여 설명하기도 한다.

• 적극적 안락사(Active euthanasia)

적극적 안락사란 환자의 바람과 관계없이 환자의 사망과정에 의사가 직접적으로 관여하여 환자를 죽음에 이르게 하는 경우인데, 의도적으로 약물을 투여하여 죽게 하는 안락사를 말한다. 이때 의사가 의도한 것은 아니지만 환자의 고통을 완화하기 위해서 처치하는 도중 예상된 부작용으로 환자를 죽음에 이르게 하는 경우를 말한다. 즉, 개인의 죽음을 의도적으로 서두르기 위한 행위를 의미하는 것으로서 작위적 안락사라고도 한다. 이는 다른 개인의 생명을 끝내기 위한 고의적 행동을 내포한다. 일반적으로 고칠 수 없는 말기 환자가 심한 통증으로 고통받고 있을 때 의사의 원조로 죽음을 앞당기는 경우이다.

적극적 안락사에서 개인의 죽음에 고의적 행동을 취하는 것 외에 또 다른 윤리적 이슈로는 당사자의 의사가 있다. 당사자의 의사에 따른 안락사는 자의적 안락사(Voluntary euthanasia), 임의적 안락사(Non-voluntary euthanasia), 타의적 안락사(involuntary euthanasia)로 나눌 수 있다.

자의적 안락사는 환자의 요구에 의해 환자가 아닌 다른 사람들이 환자의 생명을 의도적으로 끝내는 것을 말한다. 현장에서는 자신이 의사를 결정할 수 있는 정상적인 환자가 죽는 것에 대한 직접적 원조를 요청하거나, 환자가 자격 있는 의료진들에게 원조를 받는 것을 의미한다.

임의적 안락사는 환자가 의사 표현이 불가능하거나, 의사 표현은 하지만 외부전달이 불가능한 경우에 흔히 발생하는 것으로 대리인이 환자의 생명을 끝내도록 의사에게 요구할 때 발생한다.

타의적 안락사는 환자의 동의 없이 의료진들에 의해 행해진 환자의 죽음을 일컫는다. 이것에 대한 예로서 악명 높은 나치의 의학적인 살인 프로그램을 들 수 있다.

• 소극적 안락사(Passive euthanasia)

소극적 안락사는 환자가 더 이상 고칠 수 없는 병을 앓고 있고, 생명 유지를 위해 치료는 계속되어야 하는 상황에서 치료를 하지 않거나, 멈추는 것을 방관하는 것으로 부작위적 안락사라고도 한다. 즉, 소극적 안락사는 생명을 연장시키거나, 죽음을 지연시킬 수 있는 어떠한 치료도 거부하면서 개인이 자연적으로 죽는 것을 선택하도록 의료진이 방치하는 것을 의미한다.

소극적 안락사는 죽음에 직면한 환자에게 필요 없는 치료의 연장을 보류하거나 생명유지장치를 제거함으로써 환자가 죽게 버려두는 죽음을 말한다. 현재 우리 사회에서 논쟁하는 대상은 소극적 안락사에 초점을 두고 있다.

• 간접적 안락사(In-directive euthanasia)

간접적 안락사란 환자의 고통을 줄이기 위한 의도적인 어떤 행위가 결과적으로 죽음을 가져오리라는 것을 예측하면서도, 이를 행하여 죽음에 이르게 하는 것이다. 흔히 결과적 안락사라고 하기도 하며, 의사에 의해 원조된 자살(Physician-Assisted Suicide: PAS)도 여기에 포함된다.

원조된 자살은 누군가에게 자살을 범할 수 있는 수단을 제공하는 것을 의미하며, 동시에 수혜자가 이를 자신의 생명을 끝내기 위해 사용할 목적이라는 것을 알고 있음을 의미한다. 즉 의사는 의도적으로 환자의 의도적인 요구에 의해 치명적인 약이나 다른 개입방법을 제공함으로써 환자의 죽음을 원조하며, 환자는 자신의 생명을 끊기 위해 그것을 사용하는 상황을 말한다. 따라서 의사가 아닌 환자가 치명적인 양의 약을 섭취한다. 미국에서는 이와 같은 의료인에 의해 원조된 자살이 국가적 차원의 이슈로 대두되어 있으나, 공식적으로는 허용하지 않고 있다.

안락사에 대한 윤리문제

안락사의 분류와 관계없이 이러한 안락사는 의학의 발달과 함께 계속적으로 논쟁되어 왔다. 안락사를 찬성하는 사람들과 이를 반대하는 사람들은 나름대로 윤리적 원리를 들면서 의견을 정당화하려는 노력을 하고 있다. 안락사에 찬성하는 사람들은 불치병으로 고통받는 환자의 경우, 죽음은 결과적으로 피할 수 없는 것이므로 계속적인 치료를 통해 환자의 고통을 연장시키고 그 가족들에게 정신적, 경제적 부담을 지우기보다는 고통을 빨리 종식시키는 것이 자비로운 행위라고 주장한다.

특히 환자의 고통을 덜어주는 것은 의료인의 의무에 해당하며, 이러한 측면에서 안락사는 비윤리적인 행위가 아니라고 주장한다, 또한 자신의 생명에 대한 권리는 개인의 기본적 권리인 자율성과 독립성에 관한 것이기 때문에 환자의 개인적 권리를 보장하여야 한다고 말한다.

그러나 안락사에 반대하는 사람들은 환자의 고통과 가족의 부담을 경감시키기 위해서 안락사를 허락한다면, 수많은 생명이 죽게 되는 등의 많은 비윤리적인 일들이 발생하게 될 것이라고 주장한다. 특히 인간의 생명을 보호하고 치료하는 의료진들이 환자의 죽음을 직·간접적으로 원조하게 됨으로써 생명존중의 가치가 경시되는 사회적 풍토를 조장할 수 있다고 말한다.

선진화된 대부분의 나라에서는 안락사에 대한 국민적 여론 수렴과 입법화가 잘 이루어져 가고 있는 반면에 우리나라에서는 아직도 국민적 합의점 도출에 어려움을 겪고 있다. 일반적으로 적극적 안락사이든 소극적 안락사이든 간에 안락사는 고귀한 인간의 생명을 인위적으로 단축한다는 생각 때문에 치료현장에서 보는 진정한 소극적 안락사를 이해하는 데는 다소 시간이 필요할 것 같다.

안락사에서 풍기는 '인위적 사망'의 어감 때문에 새로운 용어로 등장한 것이 '존엄사'이다. 존엄사란 용어도 일본에서 처음 만들어 낸 용어이며 영어도 번역할 적당한 단일용어가 없으므로 영어권에서는 'Death with dignity'(존엄사)라 부른다.

한자를 사용하는 동양권에서는 '존엄사'란 용어가 간접적 안락사란 용어보다 훨씬 부드럽고 인간의 존엄성을 강조하는 것 같으나, 실제적 의료행위는 대동소이하다. 일부에서는 존엄사도 생명을 인위적으로 단축시키는 행위이므로 받아들일 수 없다는 의견이 있다.

실제로 진정한 존엄사는 '생명을 단축시키는 것'이 아니라 '죽음의 과정'을 단축시키는 것이다. 이러한 인식은 윤리적 측면이나 실생활에서는 매우 중요한 문제이다. 예를 들어 의과대학에서 공부하는 의학도는 환자를 '어떻게 살릴 것인가'만 배웠지 '어떻게 죽어야 하는가'에 대한 교육은 전혀 받지 못했기 때문에 임종 앞에선 의료인마저도 항상 당황하게 된다.

그러나 호스피스에서는 누구도 죽음 앞에서 당황하지 않는다. 그래서 안락사와 존엄사의 두 용어보다 '호스피스사(死)'라는 표현을 사용하는 것도 가능하다. 호스피스에서는 죽음에 관한 용어가 아니라 그 의미에 가치를 두고 있다. 기독교 정신에 바탕을 둔 호스피스 사역에 있어서 죽음에 대한 인식이 세속적인 차원과는 다르기 때문이라고 한다. 기독교에서는 죽음이란 삶의 완성이며, 운명의 확정이고, 삶의 옮김이고 천국으로 가는 관문이라고 여긴다. 호스피스는 이것들을 돕는 일이므로 '호스피스사'라고 하여도 무리가 없다는 해석이다.

의미 없는 치료의 중단과 존엄사

의미 없는 치료를 중단하는 죽음을 소극적 안락사, 자연사 또는 더 완화된 말로 표현하여 '존엄사'라 부른다. 연명의료(unwanted life prolonging medical treatment)란 생명의 소생이 전혀 불가능한 환자에게 원하지 않는 생명을 의학적 기술로 연장하는 행위를 말한다. 존엄사는 '인간으로서의 존엄성을 지키며 맞이하는 죽음'이며 구체적 방법으로는 의료연명거부권 또는 생명유지 치료거부권을 말한다.

존엄사의 대상은 고통 받고 있는 환자 중 현대의학지식과 최신의료기술로는 치유 불가능한 병을 앓고 있으며, 즉 치유가 불가능한 말기 환자(non-curable and terminal patient)이다. 실제도 이러한 임종 환자(dying patient)에게 최첨단 기술의 연명의료를 베푸는 것은 환자뿐만 아니라 가족과 사회와 국가에 이르기까지 모두에게 해를 끼칠 수 있다. 그러므로 이러한 경우에는 연명치료의 중단인 '의료연명거부권' 또는 '생명유지치료거부권'이 신중하게 고려되어야 한다. 대부분의 선진국에서는 이미 생전유언(Living Will) 또는 사전의사결정서(Advance Directive) 등의 서류 형식으로 자기의 의사를 생전에 미리 결정하여 법정대리인 배우자, 변호사나 친지에게 맡기고 있다.

우리나라에서는 2009년 5월 21일에 처음으로 첫 존엄사의 허락을 대법원에서 판결하였다. 존엄사의 인정은 시대에 맞게 잘 된 것이다. 그러나 존엄사의 악용과 남발을 막는 일은 훨씬 더 중요하다. 따라서 앞으로 존엄사에 대한 철저한 법적 규제가 만들어져 시행되어야 할 것이다.

안락사는 현행 실정법하에서는 극히 일부 국가를 제외한 모든 나라에서 불법행위로 간주한다. 존엄사는 말기의 불치병 환자에게 연명치료를 유보 혹은 중단함으로써 환자가 존엄성을 가지고 죽음에 이르게 하는 것을 말하는데, 이는 소극적 안락사와 매우 흡사하기 때문에 다소 혼란을 가져온다. 존엄사는 반드시 다음의 요건들이 충족되어야 한다.

먼저, 의학적으로 환자가 회복 불가능한 중증질환의 말기라는 의사의 진단이 있어야 한다.

그리고 환자의 사전의료지시서나 법적 대리인 위임장으로 표현된 환자 본인의 의사가 반드시 기록으로 남아 있어야 한다.

『죽음학 서설』, 『호스피스총론』에서

연명의료의 중단에
대하여

품위 있는 죽음이란?

말기 질환으로 점차 악화돼 죽음이 임박한 환자에게 의료적 한계를 인정하고, 무의미한 연명 의료를 중단하고 통증과 같은 고통을 완화시킴으로써 환자가 자연적인 죽음을 맞이할 수 있도록 의료진과 가족이 최선을 다하는 것.

연명의료의 중단이 곧 품위 있는 죽음을 의미하는 것은 아니다. 참고로 '김 할머니 사건'은 품위 있는 죽음을 위해 법원이 연명의료 중단을 명령했으나, 인공호흡기를 제거하는 것이 직접적인 죽음으로 이어지지는 않았다.

연명 의료란?

환자의 주된 병적 상태는 바꿀 수 없지만 생명을 연장하는 의료, 연명의료의 종류는 크게 2가지로 구분할 수 있다. 좁은 의미의 연명의료는 심폐 소생술과 인공호흡기 사용과 같이 직접적인 삶을 유지할 수 있도록 하는 의학적 처치를 말한다. 넓은 의미로는 심폐 소생술, 인공호흡기 사용, 중환자실 이용, 수분 공급 및 영양 공급, 수혈, 항생제의 투여, 혈액 투석 등 그 의학적 처지의 범위가 광범위하다.

연명의료 중단의 기준

대한의사협회·대한의학회·대한병원협회를 중심으로 특별위원회를 구성해 2009년 9월에 '연명치료중지에 관한 지침'을 마련했다. 이 지침을 적용해야 하는 대상은 2명 이상의 의사가 회복 가능성이 없다고 판단한 말기 환자 또는 지속적 식물인간 상태의 환자다.

연명의료 중지 대상자

① 수술, 방사선 치료, 항암 화학요법 등의 적극적인 치료가 효과가 없거나 미약한 말기 암 환자

② 인간 면역 결핍 바이러스에 감염된 뒤에 치명적인 감염증 등이 합병해 적극적인 치료에 반응이 없거나 미약한 말기 후천성 면역 결핍증 환자

③ 심장·폐·뇌·간·신장·근육 등의 만성 질환이거나, 진행성 질환의 말기 상태도 치료 방법이 없거나 효과가 미약한 만성 질환의 말기 상태 환자

④ 법률에 정의된 뇌사로 진단됐거나, 뇌사 판정 기준 가운데 무호흡 검사 등 일부 기준을 제외한 나머지 기준이 충족돼 2인 이상의 전문 의사가 이에 준한다고 판정한 뇌사 상태 환자

⑤ 말기 환자 가운데 상태가 극히 위중해 여러 계통의 기능이 매

우 저하되거나 상실된 상태(Multi–Organ Failure)에서, 적극적인 치료를 해도 죽음이 임박해 짧은 시간에 사망할 것으로 예상되는 환자

⑥ 식물인간 상태로 6개월 이상이 지났고 회복 가능성이 없는 지속적 식물 상태 환자

호스피스 의사 김여환이 추천하는
Well-Dying 십계명

내일을 위해 오늘의 행복을 양보하지 마세요

그러기 위해서 우리는 바로 이 순간 행복해야 합니다. 내일의 행복을 위해서 오늘을 포기하지 마세요. 순간의 행복은 젊어서 흥청망청 즐기라는 말도 아니고 금방 사그라질 쾌락에 스스로를 내던지라는 말도 아니랍니다. 진정한 행복은 다른 사람에게 기쁨을 주는 일입니다.

건강할 때 호스피스병동에서 봉사하세요

건강할 때 단 한 번이라도 시간을 내서 호스피스병동에서 봉사하세요. 죽음을 배우는 지름길입니다. 죽어가는 노인은 곧 사라질 도서관과 같습니다. 그들을 도우면 그들은 작은 목소리로 삶의 비밀을 속삭여줄 것입니다. 그 목소리에 귀 기울이세요. 죽음이 우리에게 삶을 보여주는 순간입니다.

나쁜 소식도 정확하게 알아야 합니다

무슨 병이 걸렸는지, 얼마나 진행되었는지, 치료 목표는 무엇인지, 진실을 정확하게 알고 있어야 해답을 찾을 수 있습니다. 진실을 알고 싶다면 급하고 거칠고 불같은 성격을 버려야 합니다. 그런 성격을 가진 사람이 병에 걸렸을 때 보호자들은 환자의 평소 성격이 병세에 악영향을 미칠까 봐 사실을 숨깁니다. 성격은 인생의 과정일 뿐만 아니라 마지막도 결정합니다.

마지막에 할 말을 지금 하세요

칸트는 "새는 죽기 직전에 슬픈 노래를 지저귀지만 인간은 떠날 때 좋은 말을 남긴다"고 했습니다. 9.11 테러 당시 인질로 잡혀있던 사람들이 마지막 순간 가족들에게 전화를 걸어 했던 말은 "I love you"였습니다. 임종의 순간 "사랑합니다", "고맙습니다", "행복합니다"라고 말하면 남은 이들은 당신을 멋지고 아름다운 사람으로 기억할 거예요. 그런데 그 말을 마지막까지 아껴두지 말고 지금 하면 어떨까요? 이 세 마디 말이면 삶의 모든 갈등이 사라진답니다.

죽음이 불행한 것처럼 대하지 마세요

병이 걸리는 것도, 주식이 폭락하는 것도, 사랑하는 사람이 나를 떠나는 것도 모두 견디기 힘든 슬픔입니다. 죽음은 그중에서도 가장 슬픈 일이지만 그것을 불행으로 연결시키지 마세요. 슬픔으로 눈이 멀지 않으면 내 슬픔을 통해 다른 사람의 슬픔을 볼 수 있는 포용력이 생깁니다. 슬픔이 찾아왔다고 해서 인생이 온통 먹구름으로 뒤덮이지 않습니다. 사랑하는 사람의 죽음을 자연과 하나 되는 것으로 여기는 일은 어려운 경지일 것입니다. 하지만 죽음을 자연스럽게 받아들이는 것이야말로 죽음 앞에서 제대로 슬퍼하는 방법이 아닐까요?

통증 조절을 잘하는 주치의를 알아두세요

병도 고통도 없는 죽음이 우리의 마지막이라면 좋겠지만, 누구나 그렇게 삶을 마무리할 수 있는 것은 아닙니다. 그럴 때 찾아갈 수 있는 의사를 알아두세요. 육체적 통증과 마음의 고통을 이해하는 의사를 친구로 만드는 것은 인생의 보험을 드는 것과 마찬가지입니다.

건강할 때 자신의 마지막을 상상해 보세요

타인과의 소통도 중요하지만 그전에 우리는 자기 자신과 먼저 소통해야 합니다. 특히 자신의 마지막과 소통하면 인생의 해답을 얻을 수 있습니다. 죽음은 우리의 자유의지를 허락하지 않기 때문에 암이나 치매에 걸리지 않겠다는 바람도, 잠들듯이 편안하게 죽고 싶다는 소망도, 무용지물이나 다름없습니다. 죽음의 상황을 바라기보다는 마지막 순간 가슴에 무엇을 담고 떠날지를 상상해 보세요. 그리고 바로 지금 그 일을 하세요.

마지막 순간까지 즐길 수 있는 취미를 만드세요

죽어 갈 때 나를 즐겁게 할 수 있는 취미를 가지세요. 영화를 보는 것도 음악을 듣는 것도 좋습니다. 나 자신을 위해, 또 가족을 위해 절대자에게 기도를 하면서 보내는 시간도 의미가 있습니다.

당신은 가도 당신의 재산은 남습니다

한 환자가 자식들에게 재산을 나누어 주었습니다. 딸은 그다음부터 병원에 발길을 끊었습니다. 자주 들러서 아버지를 돌봐주던 착한 딸이었는데 병원에 오지 않는 오빠에 비해 자신의 몫이 초라하다는 것을 알자 마음이 변한 것입니다. 남은 사람들이 평화롭게 지낼 수 있도록 배려하는 마음을 담아 유언을 남기세요. 죽는 것도 힘들고 억울한데 떠나는 사람이 남는 사람을 배려하는 일까지 해야 되냐고 물을지 모르겠습니다. 하지만 나이가 많은 사람이 인생의 선배가 아니라 먼저 떠나는 사람이 인생의 선배입니다. 후배를 배려하는 여유를 가질 줄 아는 것이 내 인생의 마지막 상자를 잘 쌓아 올리는 방법입니다.

마지막을 같이하는 웰다잉 보호자를 만드세요

아는 사람이 많다고 해서 마지막이 외롭지 않은 것이 아닙니다. 헛된 만남보다는 단 한 사람의 진심과 만나야 죽음이 쓸쓸하지 않습니다. 그러기 위해서는 우리가 먼저 웰빙, 웰다잉 보호자가 되어야 합니다. 우리가 떠날 때 손을 잡아 줄 사람은 우리가 이 세상에서 받을 수 있는 가장 큰 선물입니다.

왜 生死学(생사학)이
필요한가

당하는 죽음에서 맞이하는 죽음으로, 삶과 죽음의 의미를 알기 위해서 생명교육이 필요하다. 죽음이 끝이라고 생각하는 사람에게도 죽음을 염두에 두고서 삶의 의미를 통찰하게 해주는 가이드라인이 나와야 웰다잉이 마무리되는 것이다.

사람은 누구나 죽는다. 신비롭게도 사람은 자신이 죽는다는 사실을 미리 안다. 그리고 그 앎이 삶을 변화시켜 준다. 현재 삶의 질서를 바로잡아 주기도 하고, 더 윤리적인 삶으로 이끌기도 한다. 그 변화를 긍정적인 방향으로 이끌어 풍요롭게 살다가 품위 있는 죽음을 맞이하도록 인도하는 학문이 넓은 의미의 "죽음학(Thantology)"이다.

죽음은 삶과 불가분의 관계에 있다. 어떤 사람이 자신의 삶을 끝맺는 방식은 곧 그가 삶을 어떻게 살았는가 하는 문제와 직결된다. 그러므로 죽어가는 사람이 삶의 마지막 단계를 어떻게 하면 인간답게 보낼 수 있는지 자기 자신은 죽음을 어떻게 맞이할 것인지, 더욱 폭 넓게 접근할 필요가 있다.[18]

- 『죽음맞이』

죽음은 한 사람의 존재를 남김없이 드러내는 빛! 그러므로 고귀한 죽음은 행복한 삶보다 더 나을지 모른다. 아무리 행복한 삶을 살았다 해도, 죽음의 모습이 비천하다면, 행복한 삶일 수 없으니까. "당신은 어떤 사람인가?", "당신은 어떤 삶을 살았는가?" 그리고 "당신은 어떻게 죽음을 맞이하고 있는가?" 삶의 마지막 여행길에서 주어지는 질문은 이것뿐. 지금, 당신은 어떻게 대답할 것인가?[19]

- 『마지막선물』

----

18 한국죽음학회 웰다잉 가이드라인 제정위원회, 『죽음맞이』, 모시는사람들(2013)
19 오진탁, 『마지막 선물』, 세종서적(2007)

우리 사회는 죽음을
바르게 이해하고 있는가

　최근 우리 사회에서 의학의 발달에 따라, 전에 찾아보기 어려웠던 뇌사, 식물인간, 안락사, 존엄사, 임사체험, 호스피스 그리고 자살문제 등 죽음에 관련된 다양한 현상들이 주목받고 있다. 죽음 이해와 개념규정의 방향에 따라 죽음에 대한 거부감이나 터부 등을 야기하기도 하고, 삶과 죽음의 방식까지 제한하는 결과를 초래하기도 하므로, 죽음에 대한 개념정의는 중요한 의미를 지닌다. 우리가 잘 의식하지 못하지만 다 끝난 죽음이라고 전제하는 뇌사와 심폐사처럼 육체 중심의 죽음 이해로 인해 우리 사회는 값비싼 대가를 치르고 있다.

경제협력개발기구 가입국 중 자살률 1위와 자살예비군 양산
　인간은 육체만의 존재이고 죽으면 다 끝나므로 자살하면 고통 역시 끝난다는 오해가 사회에 만연해 있다. 이제 자살은 우리 사회를 읽는 코드가 되었다.

안락사와 존엄사 논란

죽음이 무엇을 의미하는지 정확하게 아는 사람이 거의 없고, 죽음을 학교 교육으로 가르치고 있지 않으므로, 죽음은 입에 올리기 꺼리는 터부가 되었으며, 사전의료의향서 준비를 비롯하여 죽음을 미리 준비하는 사람을 찾아보기 어렵다.

호스피스 기피

죽음에 대한 거부감이 사회에 만연해 있어 호스피스가 활성화되기 어렵고, 편안하게 임종하는 사람 역시 찾아보기 어렵다.

죽음의 질 심각

육체가 죽으면 다 끝난다고 생각하는 사람들이 많고, 죽음 준비 교육을 실시하지 않으므로 죽음의 질이 좋을 수 없고, 불행한 임종만 양산되고 있다. 삶을 편안하고 여유 있게 마무리하는 사람을 찾아보기 어렵다.

삶의 질과 행복만족도 세계하위권

죽음의 질이 좋지 않으므로 삶의 질 역시 좋을 수 없고, 행복만족도 역시 개선되기 어렵다. 죽음의 질 향상 없이 자살을 예방하기 어렵고, 삶의 질 향상도 기대할 수 없다.

죽음을 어떻게 이해하고, 개념을 어떻게 정의하느냐 하는 죽음 정의 문제는 죽음판정의 육체적 기준과는 차이가 있음에도 불구하고, 두

가지 개념이 서로 혼동되고 있다. 심폐사와 뇌사는 죽음판정의 육체적 기준일 뿐이므로, 의학적 죽음 이해는 될 수 있을지 모르지만, 결코 죽음 정의가 될 수 없다.

죽음 정의는 육체적 죽음에 한정시켜 규정해서는 안 된다. 죽음의 정의의 문제는 기본적으로 철학이나 종교 혹은 생사학이 다룰 문제이고, 죽음판정의 육체적 기준 제시는 기본적으로 의학적인 문제이므로 둘을 혼동해서는 곤란하다.

– 오진탁 교수의 논문 중

임종을 앞둔 환자에게
도움이 되는 표현

　죽음을 앞둔 가족이나 환자 등 죽음이 다가온 사람들에게 평소 그의 스승이나 호스피스 또는 가까운 친구가 죽음의 여행을 잘 할 수 있도록 안내해주면, 죽음의 길에 불안 없이 떠날 수 있다. 뿐만 아니라 죽을 때 도움과 축복 속에 떠나는 영가는 죽은 후 시신도 깨끗하고 입관할 때 얼굴도 편안함을 볼 수 있다.

죽음과 임종을 안내하는 호스피스의 태도

　우선 심리적 안정을 위해 그가 살아생전에 행한 착한 일들과 행복했던 기억들을 더듬어 떠올리도록 하고, 되도록이면 善業(선업)을 자주 상기시켜 준다.

　『티벳 사자의 서』에서는 자기의 삶에서 무슨 일을 했는가, 그리고 죽는 순간 마음의 상태가 어떠한가에 따라 미래에 강력한 영향을 준다고 하고 있다.

심지어 우리가 부정적인 업을 축적했을지라도, 죽는 순간에 진정으로 마음을 바꿀 수 있다면 그것은 미래에 결정적인 영향을 미칠 수 있고 業(업)도 바꿀 수 있다고 한다. 이는 죽는 순간에 개념적인 사고를 용해시킴으로써 카르마(업)를 정화시킬 수 있는 기회가 주어지기 때문이라고 이 경전은 말하고 있다.

평소 나쁜 기억 같은 것을 꺼내지 않고, 그가 지난 삶을 살아오는 동안 행복했던 일이나, 좋은 추억들을 아주 생동감 있게 그때의 필름을 돌리듯이 연상토록 할 필요가 있다.

가족 누구와 어느 때, 어떤 장소에서, 무엇을 했을 때, 선업의 공덕을 쌓은 일들을 꺼내어 나열하면서 기억을 더듬어 준다.

또한 배우자와 자식, 부모, 친구, 친척, 소유물과 재산에 대한 집착을 모두 내려놓아야 평온한 죽음을 맞이할 수 있다고 이해시키고, 지금까지 소유했던 애착의 대상이 무엇이든 간에 가난한 사람이나 친척 또는 스승에게 넘겨주는 게 좋다. 마음이 집착할 수 있는 대상은 남겨두지 말고, 좋은 것이든 나쁜 것이든 모든 계획도 버려야 한다고 이해시켜야 한다.

분명한 의식으로 마음의 평정을 갖춘 상태에서 죽음을 맞이하도록 진심으로 안내해야 한다.

죽어가는 순간 존경하는 스승이 옆을 지켜주는 것은 큰 도움이 될 수 있다. 종교에 귀의하고 정확한 가르침을 받아서 불확실했던 점까지 분명하게 깨닫게 되면, 죽음에 임하는 마음에 자신감도 커지게 된다.

『티벳 사자의 서』에서 오온(색, 수, 상, 행, 식)이 차례로 흩어지는 과정을 거치면서 임종의 정광명이 출현한다고 한다.

정광명이 나타나는 때가 실제의 죽음이라고 말하고 있다. 정광명은 근원의 빛으로 깨달음이 있든 없든 관계없이 누구에게나 나타난다. 이 빛은 모든 有情(유정)인 중생들의 본래 마음 상태이기 때문이다.

생명의 시작은 빛이다. 이 빛이 꺼짐(떠남)으로 해서 생명은 끝이 난다. 다시 말해서 생명의 시작과 끝은 빛이 오고 간다는 것이다.

죽기 얼마 전에 몸에서 혼불이 빠져나간다고 하는데, 남자의 경우 길고 큰 불 덩어리가, 여자의 경우 둥근 모양의 혼불이 나간다고 하는 우리나라의 속담도 있다.

이때 근본 불빛을 깨닫게 되면 빛과 화합한 사자의 의식이 바르도(중유)의 과정을 거치지 않고 니르바나(대자유, 해탈)에 도달하게 된다고 『티벳 사자의 서』에서 말하고 있다.

그러나 정광명을 깨닫지 못하는 임종자에게는 다음과 같은 안내의 말을 반복하여 들려줌으로써 정신이 산만하지 않고 공포심을 여의며 평화로운 마음으로 죽음을 맞도록 하고 있다.

임종안내의 말씀 들려주기

"고귀하게 태어난 ○○○이시여

이제 길을 가야 할 시점에 도달했습니다.

그대는 이제 호흡이 멈추고 근원의 눈부신 빛인 정광명이 나타나고 있습니다.

그것은 죽음의 단계에 나타나는 현상이므로 두려워하지 말고 그 빛 속에 머무르십시오.

그 빛은 아주 따스하고 환하게 빛나며 정결하고 순수한 근원적인 당신의 마음이므로 안심하고 그 빛 속에 머무르시오."

라고 임종자에 귀에 대고 밝고 분명하게 여러 번 반복하여 읽어줌
으로써 정광명을 인식하도록 한다.

위와 같은 안내문 이외에 임종자가 평소 했던 염불(나무석가모니불, 나무
아미타불 등등)을 함께 암송하며, 임종자에 귀가에 대고 거친 호흡이 완전
히 멎을 때까지 여러 번 반복하여 그의 의식이 다른 데로 흐르지 않도
록 도와준다.

불교신자가 아닌 사람에게는 당사자의 종교에 맞는 만트라, 찬송
가, 기도문을 들려주는 것도 같은 효과를 볼 수 있다.[20]

----

20 강선희(선명화), 『티벳 사자의 서』, 불광출판사(2008)

제 장례식에
초대합니다

사전장례식으로 고별인사를 한 노신사의 이야기

살아 있는 사람이 장례식을 치렀다. 또한 그 자신이 직접 장례식을 주선하기까지 했다.

서양 장례식은 장의사에서 치러지는 게 통념이다. 장의사에는 입관예배를 드릴 수 있는 예배당이 있고, 그 옆에는 다과를 나누는 응접실이 붙어 있다. 입관된 시신에 마지막 경의를 표한 조문객들은 응접실로 이동하는데, 그때부터 분위기는 확연히 달라진다. '경건모드'가 삽시간에 '사교모드'로 바뀌는 것이다. 조문객들은 망자를 언제 봤느냐는 듯이 오랜만에 만나는 지인들을 반기며 더러 웃기도 한다. 접시에 가득 음식을 싸 놓고 한 끼 식사를 해결하는 사람도 있다. 관 속에 누워 조문을 받는 순서가 끝나면 이처럼 망자는 여지없이 '찬밥신세'가 되고 만다. 망자 입장을 살핀 한 노인이 자신의 독창적인 생각을 했다. 죽어서 찬밥신세가 되는 대신 살아서 더운밥을 같이 나누자고 나선 것이다. 올해 85세인 내과 의사 출신의 박 교수는 지난 4월 캐나다의 모 신문사에 공개서한을 보내왔다. 그 내용은 '나의 장례식'이라는 이상한 제목이었다. 그러나 이 글을 다 보시면 이해가 되리라고 생각한다는 설명이었다.

"망자가 '찬밥신세'인 장례식은 싫다. … 살아서 더운밥을 같이 나누자. … 나는 한국에서 몇 년 살지 않았기 때문에 장례식에 참석한 일이 없다. 그리고 50년 전에 캐나다에 와서 의학공부를 했고 의사가 되었으나, 이곳 사람들의 장례식을 몇 번 가 본 적이 있는데 장례는 그 민족, 그 나라 또는 그 지역에서 오랫동안 내려온 문화와 종교의 내세관 또는 그 사람의 인생관의 총체적인 표현이라는 것을 알 수 있었다. 그래서 생각한 일인데, 내가 거동도 하고 말도 할 수 있을 때 지인들과 친척들을 모시고 회식을 하면서 지금까지 살아 온 한 인간의 삶을 마무리하고 싶다. 친척, 지인, 친구들과 웃으면서 즐겁게 담소도 하고 인생의 작별인사도 하는 그런 자리가 되었으면 한다. 이를 장례식이라 해도 좋고, 또는 고별식, 마지막 작별인사의 모임이라고 해도 좋다."

캐나다에서 30년을 살면서 참석해 본 장례식에서 박 교수가 느낀 것은 '망자만 억울하며 찬밥신세'가 되는 장례식 풍경이었다. 그는 그것을 답습하고 싶지 않았다. 자신이 그 전통을 깨는 길밖에 없다고 스스로 판단한 것이다.

그런데 지금 나는 내 상례식을 준비할 상황에 처해 있다. 나는 금년에 85세인 데다, 며칠 전 대장암이란 진단을 받았다. 그 후 MRI 검사를 하니 이젠 위와 간까지 암이 퍼졌고 수술할 수도 없는 말기 암 상태라는 주치의 설명이었다. 아직 아픈 데도 없고 잠도 잘 자고 있으니 말기 암 상태인 것이 믿어지지 않는다. 그러나 지금 나의 운명은 폭풍전야의 일시적인 고요함을 느끼는 시기일 뿐이다. 몇 달이 지나면 머지않아 내 생명이 끝날 것인지 모른다.

결혼식 피로연을 전문으로 하는 연회장이 장례식장으로 돌변했다. 살아 있는 박 교수가 관 속에 누워서가 아니라 사람들의 손을 잡으며 조문객들을 맞이했다. 연회장의 입구에는 접수가 있었지만 방문객의 기명만 하고 조의금 봉투는 정중히 사양했다. 박 교수는 미리 분명한 의사를 밝힌 글을 접수대에 붙여 놓았다.

참석한 조문객들의 복장은 다양했다. 꽃무늬가 있는 예쁜 양장차림의 여인들과 야외 피크닉 차림, 등산복을 입은 남자들, 자유분방한 조문객들은 조금은 의아한 눈빛으로 자리를 메우고 있다.

"다만 예측불허의 돌발사태가 있을 수도 있다. 그것은 나의 암이 갑자기 위험한 상태로 나타날지 모른다는 사실이다. 만일 들것에 실리는 상황이 되면, 이 모임은 부득이 취소할 수밖에 없다."

연회장을 메운 300여 조문객들을 보는 박 교수의 친척들은 처음에 이 행사를 제의했던 때보다 더욱 놀라는 표정들이다. 박 교수는 3녀 1남의 네 자녀를 두었다. 큰딸에게는 남매의 손자 손녀가 있고, 둘째 딸은 독신주의자이고, 셋째 딸은 손자 둘을 낳아 중학교에 다니고, 아들은 결혼 후 미국 뉴욕으로 이주하여 모두 따로 살고 있어 박 교수 노부부만이 살고 있다.

박 교수는 일제강점기에 가난한 농촌에서 태어나서 초등학교 2학년 때 해방을 맞이했다. 초등학교는 고향에서 다니고, 군대에 다녀온 직후 캐나다로 직장을 구해서 떠나왔고, 타국 땅에서 수많은 고생을 하면서 자수성가한 강인한 성격의 소유자이다. 부모 친척 등의 아무런 도움도 받지 못하고 연약한 몸으로 일하면서 주경야독하며 하고 싶었던 공부와 희망했던 학위는 모두 얻었다. 자녀들도 어려움은 있었지만 그런데도 잘 살아가고 있기 때문에 자신의 인생을 행복하게 평가하고 살아온 지성인이다.

참석한 조문객들이 약간 서먹한 분위기를 느끼다가 와인과 위스키를 곁들인 음식을 즐기고 잔칫집 분위기가 계속되고 있을 때, 박 교수는 단상에 올라가 인사 말씀을 간단하게 하였다.

'죽어서 지내는 장례는 아무 의미가 없다. 우리들이 함께 손을 잡고 웃을 수 있을 때 인생의 작별인사를 나누고 싶었다.'는 내용으로 차분하게 이어갔다. '처음 생각은 11월 14일 제 생일날에 이 모임을 할 것을 계획했었는데, 주치의와 자녀들의 조언에 따라 일정을 변경하였다. 암이 말기라서 빨리 끝날 줄 알았는데 현재 정도라면 서두르지 않아도 될 것이었다.'고 하는 말에 조문객들은 쓴웃음을 짓기도 했다.

장례식의 순서는 자신이 만든 프로그램에 따라 진행되었다. 가족의 소개, 친지 친구들의 소개 그리고 친구의 시 낭송, 색소폰 연주, 자녀들의 합창, 마지막으로 아들이 'My Way'를 부르는 것이었다.

'My Way'는 프랭크 시나트라가 부른 곡이다. 1967년 프랑스 작곡가에 의해 발표된 이 곡의 가사를 2년 후 캐나다 출신의 가수 폴 앵카가 다시 썼다. 동시대의 가수 프랭크 시나트라에 대한 헌사였다. 플로리다에서 만났을 때 프랭크 시나트라는 그에게 'I'm quitting the business (난 이 일을 걷어치울 거야), I'm sick of it(더 이상 견딜 수 없어), I'm getting the hell out(이 지옥에서 벗어나려고 해).'이라고 말했다.

그가 말하는 '비즈니스'는 음악이었다. 하지만 실은 죽음을 앞두고 되돌아보는 인생으로 은유 된다.

'이제 종말이 다가온다. 나는 마지막 커튼을 마주한다. 친구야, 분명히 말할게. 내가 확신했던 내 삶을 얘기할게. 난 완전한 삶을 살았어, 가야 할 모든 길을 가봤어. 그리고 그 이상이었던 것은 내 방식대로(My Way) 살아왔다는 거야……(하략).'

아들이 부르는 노랫말을 듣고 박 교수는 무슨 감회를 느끼고 있었을까? 완전했던 삶의 마지막 커튼을 마주하면서 일생의 마침표까지 자기 방식대로 마주했다는 안도의 날숨을 조용히 내쉬지는 않았을까?

죽음과
죽어감에 대한 의미

죽음(Death)과 임종(Dying)의 정의

사전적 의미의 '죽음'이란 '생물의 생명이 없어지는 현상'을 말한다. 의학적으로는 '심장사'와 '뇌사'로 구분한다. 심장사는 '심장 기능이 불가역적으로 정지돼 초래되는 죽음'을 말하며, 뇌사는 '임상적으로 뇌활동이 비가역적으로 영구히 정지된 상태'를 의미한다. 사회적인 의미는 모든 인간적인 관계의 불가역적인 단절을 뜻한다. 실존적인 의미는 인간적인 삶의 끝을 말하며, 인간적인 삶의 끝은 종말일 수 있고, 완성으로 받아들일 수도 있다.

'臨終(임종)'이란 의미는 당사자인 환자와 가족에게는 다르게 해석될 수 있다. 환자에게는 질병의 악화로 인해 불가역적으로 죽음에 이르는 과정을 말하며, 가족에게는 환자가 죽음에 이르는 과정을 지켜보는 것을 말한다.

말기와 사망 사이

환자가 완전히 죽음에 이르지 않았으나 식물 상태, 뇌사 등 보다 죽음과 가까운 상태에 놓여 있는 순간이다.

말기 암 환자: 수술, 방사선 치료, 항암 화학요법 등의 적극적인 치료가 효과가 없거나 미약한 경우

말기 후천성 면역 결핍증 환자: 인간 면역 결핍 바이러스에 감염된 뒤에 치명적인 감염증 등이 합병해 적극적인 치료에 반응이 없거나 미약한 경우

만성 질환의 말기 상태 환자: 심장·폐·뇌·간·신장·근육 등의 만성 질환이거나, 진행성 질환의 말기 상태도 치료 방법이 없거나 효과가 미약한 경우

뇌사 상태 환자: 법률에 정의된 뇌사로 진단됐거나, 뇌사 판정 기준 가운데 무호흡검사 등 일부 기준을 제외한 나머지 기준이 충족돼 2인 이상의 전문 의사가 이에 준한다고 판정한 경우

임종 환자: 말기 환자 가운데 상태가 극히 위중해 여러 계통의 기능이 매우 저하되거나 상실된 상태(Multi–Organ Failure)에서, 적극적인 치료를 해도 죽음이 임박해 짧은 시간에 사망할 것으로 예상되는 경우

지속적 식물 상태 환자: 식물 상태로 6개월 이상이 지났고 회복 가능성이 없는 경우

* 위는 대한의사협회, 대한의학회, 대한병원협회가 공동으로 구성한 '연명 치료 중지에 관한 지침 제정 특별 위원회'에서 개발한 '연명 치료 중지에 관한 지침'에 따른 정의다.

죽음이 임박했을 때 나타나는 신호

환자가 죽음이 가까웠다는 것을 예상하는 데에는 어떤 증상이나 신호들이 도움이 될 수 있다. 그러나 모든 환자들이 이러한 신호와 증상을 보이는 것은 아니다.

이런 증상들이 나타난다고 해서 반드시 환자에게 죽음이 가까워졌다는 것을 의미하지는 않는다.

의료진들은 가족이나 간병인에게 예상되는 증상에 대해 알려줘야 한다.

수면 양이 늘고 반응이 없다.

시간이나 장소, 사랑하는 사람들을 잘 구분하지 못하고 불안해한다.

소변이나 대변의 실금이 나타난다. 보호자에게 이러한 상황에 대해서 미리 알리지 못했다면, 보호자는 환자가 소변이나 대변을 실금하는 것에 당황하게 된다. 소변이나 대변의 실금이 생긴다면 이의 청소와 피부 관리가 중요하다. 도뇨관이나 직장관은 청소 및 피부 관리의 부담을 줄여줌으로써 유용하게 사용될 수 있다.

소변 색이 짙어지거나 소변량이 줄어든다. 임종이 다가오면 심박출량의 감소와 혈류량의 감소로 말초순환량의 감소가 나타나게 된다. 비경구적수액공급이 이러한 변화를 회복시킬 수는 없다. 빈맥, 고혈압, 손발이 차가워지는 것, 말초나 중심의 청색증, 축축한 피부, 핍뇨와 무뇨 등의 모든 소견이 나타날 수 있다.

피부가 차가워진다.

그르렁거리는 소리가 난다.

죽음관련 용어의
해석

존엄사

인간적 삶을 살 수 있도록 최선의 의학적인 치료를 다 했음에도 불구하고, 돌이킬 수 없는 죽음이 임박했을 때, 의학적으로 무의미한 연명 의료를 중단함으로써, 질병에 의한 자연적인 죽음을 받아들이는 것, 이때는 의학적 치료가 더 이상 생명을 연장할 수 없기 때문에 무의미한 연명 의료를 중단한다고 하더라도 그 치료의 중단으로 생명이 더 단축되는 것을 의미하지는 않는다.

무의미한 치료

인간적 삶을 살 수 있도록 최선의 의학적인 치료를 다했음에도 불구하고 돌이킬 수 없는 죽음이 임박했을 때 의학적으로 불필요하다고 판단되는 기계적 호흡이나 심폐 소생술 등을 의미함

호스피스 · 완화 의료

완치가 불가능해 수개월 내 사망할 것으로 예상되는 환자와 그 가족들이 질병의 마지막 과정과 사별 기간에 접하는 신체적, 정신적, 사회적, 영적 문제들을 해소하기 위해 제공되는 전인적인 의료 서비스

사전의사결정제도

죽음이 임박하지 않은 시점에서, 죽음이 임박했을 때의 생명 연장 치료의 시행 여부에 대한 결정을 미리 개인의 의지와 선호에 의해 결정하는 것

이 제도는 환자자기결정법(Patient Self-Determining Act), '인생의 마지막에 대한 법' 등의 이름으로 미국, 대만, 프랑스 등 여러 나라에서 국가적 제도로 도입했다.

사전의사결정제도는 환자의 의지와 상관없이 인위적인 죽음을 초래하는 의학적 처치에 대한 결정을 내리는 비인간적인 것을 의미하지는 않는다.

사전 의사 결정은 호스피스 · 완화 의료의 제도화를 위해서 필수적인 장치다.

사전의료의향서:

죽음이 임박했을 때 자신에 대한 치료 여부와 방법에 관한 자신의 합리적 의사 결정이 불가능할 때를 대비해 자신의 의사 결정을 미리 작성하는 서류다.

• 포함해야 할 사항들

먼저 본인의 의사를 합리적으로 결정하고 적용 시기와 적용 대상 연명 의료의 종류 및 검사의 종류, 대리인 등을 결정한다.

• 연명 의료의 종류와 결정할 범위

이에 해당하는 연명 치료에는 심폐 소생술, 인공호흡기 적용, 항생제 투여, 수혈, 투석 등이다. 이에 대한 결정을 스스로 하거나 대리인에게 위임할 수 있다. 그러나 진통제 투여 및 공급은 환자의 생명 유지에 기본적인 의료 행위이므로 환자가 중단을 선택할 수 있는 연명 의료가 아니다.[21]

---

21 윤영호, 『나는 한국에서 죽기 싫다』, 엘도라도(2014)

죽음에 대한
개념정리

    사후생에 대한 탐구와 의문에 대한 답을 찾는 과정은 죽음에 대한 생각과 철학을 정리하는 작업의 완결판에 해당된다.

    그 완결은 대부분의 경우 두 가지 결말 중 하나일 것이다.

    첫 번째, 삶이라는 실타래가 끝나서 더 이상 이어지지 않는 것으로, 삶이 끝나면서 모든 것이 소멸되고 사후세계란 더 이상 존재하지 않는 것으로 보는 결말이다.

    두 번째, 죽음을 이 세상에서의 삶과는 이별하고 또 다른 세계로 건너가는 전환점, 문으로 보아서 사후세계란 이 세상과는 다른 또 다른 세상에서 또 다른 방식으로 존재하는 것으로 보는 결말이다.

    사후생에 대한 결말을 어떻게 가지든 죽음에 대한 사유의 종합 세트 속에서 그것은 삶의 의미에 대한 질문과 관련되며, 또한 당연히 그에 따른 질문인 '그렇다면 사람은 어떻게 살아야 하는가?'와 같은 차원의 것이다. 이 질문에 대한 행동적인 답은 인간 경험과 실제의 본성에 대한 개인의 가치와 신념들을 반영한다.

삶에 대한 철학은 죽음에 대한 철학에 영향을 준다. 역으로, 죽음과 그것의 의미에 대한 개인의 이해는 개인의 삶의 방식에 영향을 준다.

소크라테스에 따르면, "검토되지 않는 삶은 살 가치가 없다." 그러한 자기 탐색에는 자신이 죽음의 결과에 대해 믿고 있는 것을 발견해 내는 것이 포함된다.

사후세계에 관한 개인적 믿음을 탐색하는 작업을 한다고 해서 죽음을 더 쉽게 수용하게 되지는 않을지도 모른다. 또한, 반드시 그래야 하는 것도 아니다. 어쨌든 사후세계에 대한 탐색과 결과가 반드시 기분 좋은 것이라는 보장도 없다. 그렇지만 그러한 탐색은 개인을 삶과 죽음에 더 가깝게 밀착시키는 철학으로 이끌 수 있으며, 자신의 지각과 소망이 더 가까워지게 할 수 있다.

동서고금의 문화들이 '죽음 후에 무슨 일이 일어나는가?'라는 질문에 대답해 왔던 전통적인 내용들을 좀 더 깊이 고찰함으로써 죽음을 피할 수 없는 운명의 의미를 탐색하는 데 도움을 받을 수 있다. 또한 대표적인 종교들이 무엇이라고 대답하는지를 탐구하면서 같은 도움을 받을 수 있다. 이들의 대답은 각 개인이 가지는 이 궁극적인 관심사에 대해 좀 더 깊이, 그리고 좀 더 넓게 생각할 수 있도록 좋은 자료가 되어 줄 것이다.[22]

---

22 조계화, 이윤주 외 1인, 『죽음학 서설』, 학지사(2006)

죽음에 대한
이해의 비교

일반인의 죽음 이해

인간의 죽음을 육체 중심으로 이해한다.

죽으면 다 끝난다고 생각한다.

영혼의 존재를 부정한다.

영혼의 성숙, 영적인 성숙 가능성을 부정한다.

육체 중심의 죽음 이해로 죽음을 절망과 두려움으로 보게 된다.

우리 삶이 배움의 장소, 수행의 기회라는 것에 관심이 없다.

육체적 기준의 죽음 정의가 통용된다.

생사학의 죽음 이해

인간의 죽음을 육체 중심으로 이해하지 않는다.

죽음은 다른 세상으로 여행을 떠나는 것으로 이해한다.

영혼의 존재를 인정한다.

영혼의 성숙, 영적인 성숙 가능성을 인정한다.

죽음은 끝이 아니라고 보기에 죽음을 두려움으로 보지 않는다.

우리 삶이 배움의 장소, 수행의 기회라는 것에 관심이 있다.

생사학 연구가 미비하기에 사회적 영향력은 별로 없다.

불교(생사윤회)의 죽음 이해

色(색)·受(수)·想(상)·行(행)·識(식)의 五蘊(오온)에는 육체와 영혼이 포함된다.

이 세상뿐만 아니라, 다른 세상에도 인정한다. (육도윤회 참조)

인간을 연기적 존재로 파악하므로 영혼도 실체적 존재가 아닌 연기적 존재로 인정한다.

영혼을 중음신, 8식 등의 다양하게 표현한다.

불교에서 수행을 강조하는 것은 바로 영혼을 성숙시키라는 의미이다.

달라이라마에 따르면 죽음은 끝이 아니라, 육신의 옷을 벗고 다른 세상으로 떠나는 것이다.

불교에는 죽음과 관련된 다양한 가르침이 구비되어 있다. 하지만 현대인이 실생활에서 실천할 수 있는 Well-Dying 가르침은 부족하다.

붓다의 涅槃(열반)에서의 죽음 이해

깨달음으로 무아를 성취하면 내가 따로 없다. 따라서 내 영혼의 존재를 논하는 것 자체가 무의미하다.

생사윤회에서 벗어나는 것이 수행의 목표이기 때문에 이 세상과 저

세상의 구분도 의미가 없다.

輪廻(윤회)에서 벗어남은 이 세상과 저 세상 모두로부터 벗어난다는 뜻이다.

죽음 뒤에 다른 세상으로 떠나, 생사윤회하는 영혼의 존재가 인정되지 않는다.

이것은 무아를 성취했기 때문이다.

불교에서 강조하는 열반은 바로 인간의 완성을 뜻한다.

열반을 성취하면, 생사윤회의 고통이 끝나는 것이다.

불교의 수행을 통한 열반의 강조는 바로 배움의 중요성 때문이다.

불교에는 생사윤회의 고통에서 벗어날 수 있는 가르침이 분명히 제시되어 있다.

깨달음으로 무아를 성취하면, 영혼의 존재가 인정되지 않으므로 생사윤회에서 벗어나게 된다고 가르치고 있다.

열반을 위해서는 解脫(해탈)할 수 있는 수행의 중요성을 강조한다. 이것은 고통에서 벗어나는 길이기도 하다.

죽음이
인생의 끝이 아니다

나는 '사람이 죽으면 끝이다'라고 생각해 왔다. 그러나 웰다잉을 연구하는 입장에서 이제 죽음이 끝이 아니기를 바라는 아쉬움과 죽은 후에도 영혼은 남아서 존재하는가? 등의 의문을 갖게 되었다. 학자들은 죽음의 문제는 과학의 연구대상으로 삼을 수 없는 주제라고 말한다. 따라서 '죽으면 끝'이라는 주장도 과학적으로 증명할 수 없는 문제라면 '죽음이 끝이 아니라'라는 설명도 있을 수 없다. 죽음이 끝이 아닌 이유의 다양한 증언을 모은 오진탁 교수의 자료를 정리해 보았다.

호스피스 봉사자의 증언

임종을 2~3일 앞둔 환자는 대화하던 중에도 갑자기 허공으로 시선을 돌린다고 한다. 왜 그러냐고 물으면 '누가 와 있다', '누구를 보았다'고 말한다. 때로는 천사와 이야기를 나누었다고 말하는 사람도 있다고 한다. 어떤 이는 이미 죽은 사람과 말했다고도 하고, '문 밖에 누가 있으니까 들어오라고 하라'고 가족들에게 말한다고도 한다. 이 말에서 영혼이 육체에서 빠져나가려고 할 때에 이르러 한 눈으로는 이 세상을, 다른 한 눈으로는 다른 세상을 보게 된다는 의미를 생각할 수 있다. 가족들은 자신의 눈에 보이지 않는다고 해서 환자가 헛것을 본다고 생각하기도 한다. 그러나 이것은 임종과정에서 당사자가 실제로 겪은 엄연한 사실이라는 견해가 있다. 우리 몸에서 영혼이 빠져나갈 때에는 대개 2~3일, 또는 수 시간이 소요된다. 그때 잠깐씩 양쪽 세계를 다 보게 되는 것이라고 한다. 이것은 호스피스들이 겪고 있는 엄연한 현실이라고 한다.

영혼이 몸에서 빠져나가는 과정은 대단히 신비롭다. 사람이 임종할 때가 되면, 몸이 서서히 기능을 정지하면서 체인—스톡 호흡을 하다가 때가 되면 코로 긴 한숨을 쉬듯이 숨이 빠져나가 버린다. 코로 들어간 생기가 코로 나가는 모습을 목도하고 있으면 영혼의 존재를 확인하는 느낌을 받게 된다고 한다.

생사학의 창시자 퀴블러로스는 정신과 의사이면서 과학자인데, 그의 관심은 오직 말기환자의 육체적, 정신적 고통을 어떻게 하면 완화시킬 수 있는가에 집중되었다. 그의 아버지의 마지막 순간을 보살피던 중, 갑자기 그의 아버지가 한 번도 본 적이 없는 사람들과 대화를 나누는 모습도 목도하게 되었는데, 그 대화의 상대자는 그의 할아버지였고, 아버지는 할아버지와 대화를 통해 용서를 구하는 내용이었다고 하며, 그의 아버지는 대화 도중에 엘리자베스에게 '물 한잔 가져오렴' 하더니 대화를 계속했으며, 아버지의 의식은 죽는 마지막 순간까지 정상이었다고 한다. 다른 호스피스의 경우에도 먼저 죽은 가족이나, 기독교의 천사, 불교의 보살 등과 죽어가는 사람이 대화를 나누었다는 사례를 증언하고 있다.

임사체험자의 증언

臨死體驗(임사체험)은 임상적으로 죽음판정을 받았다가, 얼마 뒤 알 수 없는 이유로 다시 살아난 사람이 그 사이에 겪은 경험을 말한다.

첫 번째 체험자의 말은 자기 육신으로부터 영혼이 벗어나, 자기의 육신을 허공에서 내려다본 것이다. 이때 의식은 분명하고 생생하게 깨어 있고, 자기가 죽었다는 의식의 판정을 직접 듣기도 했다. 체험자는 죽음이 끝이 아니고, 단지 육신과 영혼이 분리되는 것임을 경험하였고, 살아 있는 때와는 전혀 다른 느낌으로 아무런 고통도 없는 평온함과 행복감을 느꼈다는 증언이다. 임사체험자들은 자기가 죽었다고 판정을 내리는 의사의 말을 듣기도 하고, 자신은 공중에 뜬 상태인데 방 안 저 아래에서 슬퍼하고 있는 가족들을 보기도 한다.

두 번째 체험자의 말은, 칠흑같이 어두운 터널을 통과하는 듯, 깜깜한 어둠 속을 지나 삶과 다른 현실, 다른 세계를 만난다는 것이다. 흔히 '저승'이라고 불리는 세계로, 살아 있는 때에는 전혀 의식하지 못했던 다른 세상을 경험하였다.

세 번째 체험자는 빛의 존재를 만난다. 체험자마다 빛의 존재를 예수, 붓다, 보살, 마리아 등 다양하게 증언하지만, 체험자의 종교나 문화적 상황에 따라 서로 다르게 표현한다. 빛의 존재와 나누는 대화는 이심전심의 마음으로 의사소통한다.

임사체험자들의 공통된 하나의 특징은 '파노라마처럼 자기 삶을 되돌아보는 일'이다. 갑자기 등장한 빛의 존재와 함께 체험자는 자기 삶에서 일생 동안 겪었던 다양한 일들을 영상이미지를 통해 아주 짧은 시간동안 되돌아본다. 자기 삶이 있는 그대로 드러나는 이런 회상을 통해 자기 삶에 대한 평가가 저절로 내려진다.

돌연 어떤 장벽이나 경계선 같은 것에 도달한다. 몇몇은 먼저 죽은 친척이나 친구와 만나기도 한다. 임사체험자들은 가족을 돌보기 위해, 때로는 아직 성취하지 못한 삶의 목적을 위해, 때로는 사명감이나 봉사정신으로 자기 육신과 이승의 삶으로 복귀한다.

의학적으로 죽었다가 임사체험을 겪고 알 수 없는 이유로 다시 살아난 체험자들은 이전의 삶과는 크게 다른 식으로 삶을 영위한다. 체험자들은 죽음의 두려움에서 벗어나게 되고, 죽음이 끝이 아님을 확신하게 된다. 또 체험 이전보다 훨씬 관대해지고, 주변에 사랑을 베풀며 영혼이나 영성에 대해 큰 관심을 보이는 등, 삶과 죽음을 보는 방식이 이전과 크게 달라진다.

宗敎(종교)의 가르침

기독교에 의하면 이제 영원한 생명은 이 세상에서 이미 시작되고 있다고 한다. 기독교인에게 있어서 죽음이란 다시 되돌릴 수 없는 종말이 아니라, 생명의 시작이다. 예수그리스도가 십자가에 못 박혀 죽음을 당했지만 그 죽음으로부터 초월해 부활한 것처럼, 사후에 천국에 가서 먼저 죽은 사랑하는 사람들과 다시 만나고, 다함께 신의 무한한 사랑에 감싸인 채 삶을 계속 이어가리라는 희망이 기독교 신앙의 근저에 있다.

테레사 수녀는 '죽음이란, 고향으로 하나님을 찾아가는 것이다'라고 말하였고, 사도 바울은 인간존재를 순수하게 사멸하는 흙덩이, 즉 장막적 존재라고 보았으며, 사람이란 영생하거나 새로운 영적 몸을 덧입은 인간 자신 속에 있는 불사하는 그 무엇 때문이 아니라, 하나님이 새롭게 덧입혀 주시는 선물이라고 말했다.

종교마다 영혼이나 죽음에 대해 이해와 해석은 조금씩 차이가 나지만, 죽음으로 모든 게 끝나는 것은 아니라는 점에서는 일치한다.

憑依(빙의)현상에서 보는 근거

빙의란 어떤 영혼이 사람에게 침투해 그 사람에게 자신의 의지와는 상관없이 영향을 끼치는 상태를 말한다. 외롭고 고통스러운 영혼이 갈 곳 없는 귀신이 되어, 인연에 따라 들러붙어 이상한 현상을 일으키는 것을 빙의라고 한다. 육신을 잃은 영혼이 갈 곳을 찾지 못하고 떠돌다가, 머물기에 적당한 장소나 사람을 만나게 되면 그곳에 숨게 된다. 그로 인해 영혼이 깃든 장소는 흉가가 되고, 그곳에 사는 사람은 귀신에 홀린 상태가 되어 평소와는 전혀 다른 사람으로 돌변하게 된다. 우리나라의 실례로 김수미 씨의 경우가 있다. 그의 주치의도 그녀의 병이 '포제선'이라 판정하면서 현대의학으로 치료가 불가능하다고 했다. 그런데 묘심화스님에 의해 그는 시어머니의 영혼이 그에게 빙의된 사실을 알게 되었고, 시어머니가 그녀로부터 분리된 다음 그녀가 다시 예전의 모습을 회복하였다고 한다. 그를 목격한 주위사람들에 의해 그 사실을 인정하게 되었다. 빙의 현상 역시 사람이 죽으면 끝이라는 편견을 깨트리는 하나의 증거로 제시될 수 있는 것이다.

빙의 현상으로 고통받는 환자들은 어떤 영적인 힘이 자기 안에 침투하여 생활 전반에 악영향을 주고, 특정한 정신적 고통을 일으키고 있다고 말한다. '내 안에 누군가 들어와 있다', '누군가 내 머릿속에서 이래라 저래라 명령한다', '내가 나를 마음대로 할 수 없다'고 말하곤 한다. 그러나 대부분의 정신과 의사들은 환자들의 이런 주장을 무시하고 단순한 망상이나 환각으로만 판단해 정신분열증이나 우울증, 조울증의 진단 기준에 따라 약물치료만 할 뿐이다.

티베트의 바르도 가르침의 근거

『티베트 사자의 서』라는 책은 티베트에서 오래전부터 전해 내려오는 죽음 이후의 상황에 대해서 상세하게 기록한 일종의 사후세계에 대한 안내서이다. 어떤 사람이 죽어갈 때, 또는 죽은 이후에 스승이나 주위 사람이 죽은 이를 위해 읽어주는 책이다. 티베트인들은 죽은 사람의 시신 옆에서 그의 귀에 대고 이 책을 읽어준다. 시신이 없으면 죽은 사람이 쓰던 침대나 의자 옆에서 그 영혼을 불러 그 영혼이 옆에서 듣고 있다고 상상하면서 읽어준다. 이 책의 원래 제목은 『바르도퇴돌 첸모』(Bardo Todrol Chenmo)이다, '바르도 상태에서 가르침을 들음으로써 위대한 해탈을 성취한다'는 뜻이다. '바르도'라는 개념은 티베트인의 생사관에서 매우 중요한 용어이다. '바르도'의 '바르(Bar)'는 '사이'를 뜻하고, '도(Do)'는 '매달린' 혹은 '던져진'이라는 뜻이다. 따라서 바르도란 하나의 상황의 완성과 다른 상황의 시작 사이에 걸쳐 있는 '과도기' 혹은 '틈'을 의미한다. 인간은 삶과 죽음의 사이에 걸쳐 있는 과정적 존재라는 뜻이다. 티베트인들은 바르도를 4단계로 나누어 설명하는데, 삶,

죽어가는 과정, 죽음 이후, 환생이라는 4가지이다. 그래서 바르도 개념은 살고 있는 지금의 삶만이 아니라, 죽어가는 과정, 죽음 이후, 다시 태어나는 바르도까지 포함하여 말하고 있다.

이처럼 삶과 죽음에 대한 확고한 생사관을 통해 죽음이 끝이 아니라고 보기 때문에 전혀 죽음을 두려워하지 않는다. 죽음을 자연스럽게, 그리고 당연히 지나가야 할 과정으로 받아들인다. 바르도의 근본 메시지는 우리가 죽음을 제대로 준비한다면, 삶과 죽음 모두에게 커다란 희망이 아직 남아 있다는 것을 전해주고, 지금 살고 있는 이곳에서 영원한 자유를 얻을 수 있는 방법을 제시해 준다. 그런 자유는 우리의 준비 여하에 따라, 우리 자신의 것이 될 수도 있다. 죽음도 선택할 수 있고, 삶 역시 선택할 수 있는 그런 자유, 죽음을 준비하고 수행을 닦는 사람에게 죽음은 패배가 아니라 승리, 삶의 가장 영광스러운 성취의 순간이다.

죽음은 희망을 향해 날아가는 나비

사람이 죽어가는 마지막 모습은 그가 삶을 어떻게 살았는가 하는 자기 존재의 가치를 거짓 없이 드러내는 거울과 같다. 삶은 죽음과 나누어져 있는 것이 아니라 佛伊(불이)의 관계에 있다. 삶은 물론이고 죽음에 임하는 그 순간까지 희망을 잃지 않으면서 자연스럽게 밝은 모습을 유지하는 것이 가장 중요한 과제이다. 서양의 생사학자 퀴블러 로스 박사는 어린아이들에게 죽음을 설명할 때 자주 나비 유충의 번데기 모양의 인형을 사용했다. '죽음에 의해 사람의 영혼은 육신으로부터 벗어나 나비처럼 예쁘게 날아서 천국으로 올라가는 것이다. 죽음은 결코 절대 끝이 아니다.'라고 쉽게 설명하여 어린아이들을 안심시킨다. 이런 그녀도 얼마 전 우주로 여행을 떠난다고 말하면서 밝은 모습으로 죽었다.

스위스 심리학자 융도 사후 생명의 존재를 믿는 편이 정신위생상 중요한 역할을 한다고 지적한 바 있다. 죽음에서 희망을 읽을 수 없다 하더라도, 가능한 희망을 유지하는 편이 훨씬 바람직하다는 생각이다. '나는 죽음을 지향하는 목표를 설정하는 것이 정신위생상 유익하다고 본다. 죽음을 불길한 것으로 여기는 것은 인생의 후반기를 무의미하게 만들어 버릴 수도 있다는 점에서 건강하지 못한 병적인 증상이라고 믿는다.'

교황 요한 바오로 2세도 '내가 죽어도 전부 없어지는 것이 아니다. 내 안에는 소멸될 수 없는 것이 있다.'고 말했다. 교황에 따르면 죽음이란 어둡거나 모호한 것이 아니고 모든 것이 사라지는 것도 아니다. '죽음은 사람이 최후에 찾아보는 명백함, 눈부신 빛이다.'

티베트의 달라이라마는 죽음을 한마디로 '옷을 벗는 과정'이라고 말한다. 우리가 매일 옷을 갈아입을 때 두려움을 느끼지 않는 것처럼, 죽음도 영혼이 육신의 옷을 벗는 과정이므로, 죽음에 대해 절망감을 지닐 필요가 없다. 죽음은 육신의 죽임일 뿐이고, 영혼은 죽음을 통해 이 세상의 삶을 마감하고 새로운 삶을 위해 여행을 떠난다는 이야기다.

퀴블러로스 박사는 '죽음이 끝이 아니라는 것은 종교나 믿음의 문제가 아니라 앎의 문제, 사실의 문제'라고 말한다. 사후의 삶이 존재한

다는 것은 죽음 이후에 대해 바른 지식을 통해 제대로 알고 있느냐 잘
못 알고 있느냐 하는 지식의 문제라는 뜻이다.

독일의 문호 괴테도 영혼의 불멸을 말한다. '죽음이란 해가 지는 것
과 마찬가지다. 우리의 눈으로부터 벗어나 볼 수 없게 되더라도 태양
은 지평선을 향해 조금도 변함없이 빛나고 있다. 우리의 생명 또한 마
찬가지로 죽은 뒤에도 변함없이 존재한다. 내세에 대한 희망을 지니
지 못한 사람은 이미 이 세상에서 죽어있는 셈이다.'

17세기 프랑스의 과학자 파스칼은 수학과 자연과학의 연구 성과
와 함께 인간을 생각하는 갈대라고 표현한 독창적인 저술 책『팡세』
를 쓴 인물로 유명하다. 파스칼은 인간의 불멸성과 사후 생명에 대해
신앙을 전제로 하지 않은 채, 독자적으로 사색했다. 그는 우선 '사후에
생명을 믿는가, 믿지 않는가?'라는 결단을 하나의 도박으로 보는 것이
가능하다고 말한다.

'만일 어느 누가 사후 생명의 존재를 믿었는데, 실제로 존재하지 않
았다 하더라도, 그가 특별히 손해 볼 것은 없다. 그러나 사후 생명이
존재함에도 불구하고 이를 믿지 않았기 때문에 손에 넣을 수 있었던
것을 넣을 수 없었다면 그는 다시는 복원할 수 없는 손해를 본 것이다.
그 사람은 영원히 모든 것을 잃게 된다. 사후 생명을 믿으면 모든 것을
손에 넣는 것이 가능하다. 즉, 사후에 실제로 생명이 존재하지 않는다
할지라도, 잃게 되는 것은 아무것도 없기 때문에 사후의 영원의 생명
을 믿는 쪽에 도박을 걸어야 한다.'

인생이란 길이 너무 막막해 허무하다고 느껴진다면, 인생의 여행은

목적을 잃게 된다. 인생의 목적을 잃는다는 것은 생각만 해도 두려운 일이다. 그러나 죽음에 의미가 있다면 고통이 많은 인생길도 깊은 의미를 가지게 된다.

결국 영원한 생명이란 미래와 관련된 문제가 아니라 지금 바로 이곳에서의 인생과 관련된 문제이기 때문에 더 중요하다.

사후의 삶에 대한 믿음이 현재의 인생에도 상당한 영향을 미친다는 것은 생사학자나 영적인 지도자들이 내리는 한결같은 결론이다.[23]

---

23 오진탁, 『마지막 선물』, 세종서적(2007)

호스피스 의사가
먼저 떠난 이들에게 받은 인생수업

죽음을 배우면 죽음이 달라지는 것이 아니다. 삶이 달라진다. 자신의 마지막을 정면으로 응시하면 들쭉날쭉했던 삶에 일관성이 생기고, 시련을 극복할 수 있는 용기가 생긴다.

'암에 걸려서 호스피스병동에 왔다가 삶을 정리하고 행복하게 죽었다'는 죽음에 대한 동화가 아니다.

인생의 끝자락에서 삶과 죽음의 5단계를 극복해 나가는 우리의 이야기이자 죽어가는 사람들이 들려주는 영혼의 속삭임이다.

어떤 마지막이 기다리든 최선을 다해 살아가야 하며, 죽음이 우리를 찾아오기 전에 우리가 죽음을 먼저 찾아가서는 안 된다고 용기를 주고 싶다.

피고 지는 꽃처럼, 나타났다가 사라지는 무지개처럼 사람도 태어나고 자라서 늙고 죽는다. 말기 암 환자의 외양이 아무리 추하게 변해가더라도 묵묵히 자연의 섭리를 따르는 그 모습은 아름답지 않다고 말할 수 없을 것이다.

편안하게 삶을 끝내는 환자들에게 공통점이 있다. 그들은 웰다잉 지도자도 아니고, 입관 체험도 해 본 적이 없었다. 사전의료지시서나, 유서 등으로 미리 정리해 둔 사람들도 아니었다. 그들은 정확하게 두 가지를 알고 있다. 그들은 자신이 암에 걸렸고 더 이상의 적극적인 치료가 무의미하다는 사실을 알고 있다. 또 한 가지는 '긍정적인 죽음관'이다. 죽음은 인생의 실패가 아니라 누구나 거쳐야 하는 과정이라고 생각한다.

나쁜 소식을 알면 불안해할 것이라는 예상과 달리 왜 환자들은 더 편안해질까?

그것이 '진실의 힘'이라고 생각한다. 암 환자를 아프고 나약한 존재로 단정 짓지 않고 아프기 전과 같은 인격체로 대접한다면, 우리는 환자 자신에게 일어날 일들에 관해 귀중한 정보를 제공해야 한다.

우리는 그를 사랑한다면 나쁜 소식을 알려야 한다. 남은 시간이 많지 않다는 것을 알게 된 환자는 그의 성정대로 뒷정리를 할 것이다. '나쁜 소식을 알면 빨리 죽는다'는 근거 없는 상식은 환자뿐만 아니고 주변사람들에게까지 악영향을 미친다. 가족들은 자신의 병명도 모른 채 고통스럽게 떠나는 환자를 통해 죽음이 힘들고 무서운 것이라고 인식하게 되고, 환자는 마지막을 긍정적으로 마무리할 기회마저 놓쳐 버린다.

나쁜 소식을 알릴 때 나는 환자가 감당할 수 있는 만큼 조금씩 알린다. 죽음의 5단계 가운데 첫 단계가 '부정'이라고 하지만, 이런 경우 환자는 천천히 자신에게 다가온 죽음을 받아들이면서 '긍정적인 죽음관'

과 맞닿아 있는 '수용'으로 나아간다. '부정'은 단지 나쁜 소식을 모르기 때문에 생기는 단계가 아닌가 싶다.

'암성 통증은 참을 수 있는 게 아닙니다. 참아서도 안 되고요.' 통증 7 정도면 하루 종일 아기 낳는 고통을 겪으면서 사는 것과 마찬가지입니다. 암성 통증에 사용하는 진통제는 중독이 되지 않아요. 암을 악화시키지도 않고요. 그러니까 마지막까지 기다리실 필요는 없습니다. 진짜 마지막에 진통제에 내성이 생기지 않는 상태에서 약을 썼다가는 여러 가지 부작용으로 환자가 더 위험해질 수도 있습니다."

모든 죽음은 슬프다. 비록 슬픔 속에서 떠나더라도 우리는 죽음 직전까지 행복해야 한다. 생명을 연장시키고, 죽음을 중지시키려는 열망 때문에 마지막 여행을 즐기지 못한다면 슬픔은 불행으로 변질되어 남은 삶에 시커먼 먹구름을 드리울지도 모른다.

우리가 소중하게 간직해야 할 기억은 이혼으로 종결된 결말이 아니라 뜨겁게 사랑해서 결혼한 과정, 죽음이라는 끝맺음이 아니라 죽기 전까지 행복하게 살았던 시간이다.

죽어감과 죽음에 대한 진실에 도달하기 위해 우리는 여러 방식으로 죽음에 접근할 수 있다. 임상학적으로만 설명하자면 임종의 단계부터 임종에 이르는 시간까지는 사람마다 다르다. 하지만 대부분 임종에 들어가기 며칠 전부터 먹고 마시고 싶은 생각이 없어지며 잠자는 시간이 많아진다. 사나흘을 내리 자고 잠깐 가족들의 얼굴을 알아본 뒤 다시 깊은 잠에 빠져들기도 한다.

몸은 탈수 현상을 일으키고 분비활동도 이루어지지 않는다. 대소변을 볼 수 없고, 폐의 점액질도 줄어든다. 그러면서 복부의 고통이 덜해지고, 구토감도 없어지며, 기침도 하지 않는다. 몸이 편안해지는 것이다. 말기에 와서 정신이 산만해지는 경우도 있는데 그럴 때 병원에서 적절한 약을 쓰기도 한다. 대체로 편안히 잠든 상태처럼 보인다. 그래도 가족들이 애타게 부르면 눈물을 흘리는 등의 반응을 보인다.

가족들은 환자의 손을 잡고 혼자가 아니라는 것을 알려주기도 하고, 종교음악을 틀어주거나, 성경이나 경전의 구절을 들려주기도 한다.

마지막 순간이 되면 수포음이라고 하는 호흡소리가 들리는 경우도 있다. 호흡은 불안정해지고 몸과 얼굴에는 불수의 수축이 일어난다, 대소변은 나오지 않고 검은 눈동자도 커진다. 근육이 이완되고 심장이 멈추면 모든 것이 끝난다. 임상의학적인 '죽음과 죽어감'은 사람들이 생각하는 것만큼 힘들지 않다.

우리도 생명의 건전지가 다하는 날까지 생을 살아야 한다. 진정한 해탈이란 죽음에 의연하자는 것이 아니라 누군가를 도와주고, 난 누군가에게 도움을 받으면서 인간답게 살아가는 것이다.

인간관계에서 배제된 암 환자가 급기야 자기 스스로를 삶으로부터 격리시키는 경우도 있다. 환자가 아직 살아 있는데도 죽어가는 사람으로 취급되는 모습을 볼 때 분노와 함께 인간에 대한 서글픔이 밀려온다.

말기 암 환자의 대부분은 정신이 맑다. 외양은 벌레지만 정신은 인간인 그레고르 잠자처럼 말기 암에 걸리면 외양만 변하는 게 아니라 지독한 냄새를 풍기는 경우가 있다. 냄새 때문에 환자와 가족은 죄인 아닌 죄인이 된다.

"우리는 죽음이라는 큰 문제 앞에서 5단계의 변화를 겪는다고 해요.

첫 번째 단계인 부정은 자신의 병을 부인하는 시기로 내 진단서가 다른 사람의 것과 바뀐 것 아닐까? 의사가 오진한 건 아닐까 그런 생각을 하면서 현실을 믿지 않는 거예요.

두 번째는 분노의 단계로 현실은 받아들이고 나면, "왜 하필 내가" 하는 억울함이 들면서 주변사람들에게 화가 나요.

그다음은 타협과 우울의 단계를 거쳐서 수용의 단계에 이르게 되는데, 그때가 되면 다시 편안해지실 거예요."

싸우는 동안 우리는 지치고 상처투성이가 되겠지만, 싸움을 멈추면 삶이 보인다. 그때 비로소 우리는 최선을 다해 하루하루를 살아갈 수 있는 것이다.

플라톤은 신이 인간에게 준 가장 아름다운 선물이 와인이라고 했다. 하지만 나는 호스피스 의사가 된 뒤, 신이 인간에게 준 최고의 선물은 모르핀이라고 생각하게 되었다. 1803년 독일의 세터너(Serturner)가 꿈의 신인 모르페우스(Morpheus)의 이름을 따서 만든 이 약을 사람들은 마약이라고 알고 있고, 여기에 관해서 이야기하는 것조차 금기시 여긴다. 하지만 우리는 모르핀에 대해 알아야 한다. 그래야 아프지 않고 죽을 수 있기 때문이다. 모르핀은 우리를 죽음의 공포보다 더 끔찍한 암성 통증에서 해방시켜준다.

대부분의 약은 쓸수록 부작용이 늘어나기 때문에 용량을 제한하는데, 모르핀은 아무리 써도 통증에 대한 약효가 줄어들지 않는다. 모르핀은 통증에 대한 내성이 없다.

죽음의 맨얼굴은 평화롭다. 다만 통증 때문에 어둡고 무서운 것으로 왜곡되었을 뿐이다. 고통 없는 죽음은 결코 폭력적이지 않다.

죽음에 익숙해지면 죽음을 긍정할 수 있다. 그리고 그때야 삶을 낙관할 수 있다.

삶은 힘들고 암과 함께 가는 삶은 더 힘들다. 그러나 진심에서 우러나온 말 한마디, 따뜻한 스킨십이 환자의 절망감과 외로움을 달래준다. 그러기 위해서는 스스로의 외로움을 먼저 치유해야 한다. 우리가 스스로를 더 사랑할 때, 우리의 외로움과 타인의 외로움을 보듬어 안을 수 있다.

오늘을 즐기는 사람은 마지막이 다가왔을 때, 얼마 남지 않은 삶도 즐길 수 있다. 이 순간에 감사하는 것, 그것이 진짜 행복이다.

호스피스 의사가 말하는 임종실 생활 안내문

우리는 언젠가 죽습니다. 그 순간이 이제 다가왔습니다. 다음은 『술 취한 코끼리 길들이기』에서 발췌한 내용입니다.

아잔 브라흐마는 임종의 순간을 이렇게 말했습니다. 어떤 훌륭한 콘서트가 막을 내려도 나는 결코 슬픔을 느끼지 않았다. 아버지께서 돌아가셨을 때 나의 감정이 정확히 그것과 같았다. 아버지의 죽음은 마치 멋진 콘서트가 마지막 막을 내린 것과 같았다. 너무도 훌륭한 연주였다. 하지만 결국 아버지가 '악기를 챙겨 집으로 돌아갈' 순간이 왔다. 아버지가 영원히 내 삶을 떠났음을 알고 있었지만, 나는 슬퍼하지 않았다. 울지 않았다. 얼마나 훌륭한 아버지인가! 아버지의 삶은 내게 얼마나 강한 영감을 주었는가! 내가 아버지 옆에 있었다는 것이 얼마나 행운인가! 아버지 아들이었다는 것이 얼마나 운이 좋은가! 고마워요 아버지.

• 이제 사랑하는 분은 떠나실 준비를 합니다

수포음이라는 가래가 많은 호흡소리가 들리기도 하고, 몸과 얼굴은 불수의 수축이 일어나기도 합니다. 소변이 나오지 않고, 검은 눈동자가 점점 커집니다. 근육이 이완되고, 호흡이 멈추고, 심장이 멈추면 모든 것이 끝납니다.

이러한 임종의 단계는 힘들고 고통스러운 것이 아니므로 보호자 분께서는 안심하셔도 됩니다. 임종의 단계에서 임종까지의 시간은 사람마다 다르니 초조해하지 마시고, 그 순간을 기다려 주십시오. 산소포화도나 혈압 등의 모니터를 보는 것보다, 환자의 손을 잡아 드리고 이제는 영원히 볼 수 없는 얼굴을 보시는 것이 현명합니다.

• 평온실 안에서 식사를 하시거나, 언성을 높이는 일이 있습니다

자료에 따르면 가장 늦게까지 남아 있는 감각이 청각입니다. 이제 곧 떠나시는 분 앞에서 좋은 말씀만 남기셨으면 합니다. 식사는 평온관내의 가족실이나 식당을 이용하셔서 냄새와 함께 떠나시는 일이 없었으면 합니다. 누구나 죽음은 한 번만 오는 첫 경험이자, 마지막 경험입니다. 마음과 몸이 힘드시더라도, 저희 평온한 식구가 같이 위로하고 끝까지 함께하겠습니다. 마지막 순간까지도 환자를 위해 최선을 다할 수 있도록 협조 바랍니다.

인생의 마지막 상자를 쌓는 법 [메멘토리]

셰익스피어는 "끝이 좋으면 다 좋다"고 말했다. 사랑도 이별을 잘해야 서로에게 상처를 주지 않고, 업무도 마무리를 잘해야 후임자에게

비난받지 않는 것처럼, 인생에 대해서도 메멘토모리(Mementomori)라는 말을 사용하면 좋을 것 같다.

메멘토모리는 '기억하라'는 의미의 '메멘토'와 죽음이라는 의미의 '모리'가 더해진 말로 '죽음을 기억하라(Remember the death).'라는 뜻의 라틴 어이다.

인생의 마지막에 묵어가는 여관에서 웰다잉을 위해 어떤 노력을 하고 있는지 안다면, 메멘토모리의 참 의미를 즐길 수 있을 것이다.

사람이 혼자 죽을 수 없다는 것은 그 마지막 상자를 혼자 쌓을 수 없다는 말과 같다. 남은 사람이 떠나는 사람의 인생을 함께 돌봐줄 때, 떠나는 사람을 위해 아낌없이 자신의 시간을 내어줄 때 비로소 웰다잉의 마지막 상자 쌓기가 끝난다.

남은 사람들이 죽음과 죽어감에 의미를 부여하면서, 떠나는 사람을 도왔으면 한다.

죽어감이 3주일 정도로 길어지면, 환자가 기다리는 사람이 있거나, 떠나지 못할 한이 있다고 생각하기도 한다. 그럴 때는 먼저 친척과 소원해진 지인들을 불러 이별 인사를 건네게 한다.

중요한 것은 떠나는 사람의 마지막 상자를 차분하고, 경건한 마음으로 쌓아주는 것이다. 남은 사람들의 병든 죽음관이 떠나는 사람의 죽음을 망칠 수 있다.[24]

----

24 김여환, 『죽기 전에 더 늦기 전에』, 청림출판(2012)

제6장

붓다의
진리

나의 法名(법명)은 眞性(진성)(眞如法性(진여법성))이다.

佛敎(불교)는 五蘊(오온)에서 열반으로 가는 길이다.

眞空妙有(진공묘유)하고 無我(무아)는 解脫(해탈)이다.

三法印(삼법인)과 四聖諦(사성체)는 佛敎(불교)의 핵심이고,

緣起法(연기법)은 人間生命(인간생명)의 實相(실상)이다.

般若心經(반야심경)으로 精進(정진)하면 見性成佛(견성성불)할 수 있다.

菩薩行(보살행)으로 善業(선업)을 쌓아야 한다.

三法印(삼법인)과
四聖諦(사성제)

나를 깨닫게 하는 佛教哲學(불교철학)

三法印(삼법인)은 불교 3가지 핵심사상이고 敎義(교의)이다. 四聖諦(사성제)는 세상의 이치를 4가지로 요약한 진리로서 삼법인과 함께 부처님의 설법을 압축한 것이다. 삼법인과 사성제는 우주와 인간을 이해하고, 나의 본질에 접근하기 위한 수행에 도움이 된다.

삼법인은 불교의 교의를 3가지로 압축하여 표현한 것으로

첫째, 제행무상은 일체의 모든 것은 시간 속에서 변화하고 유전 상속한다는 진리로서, 일체가 인과연을 조건으로 화합하고, 조건이 끝나면 사라지므로 상주함이 없다는 것이다.

둘째로 제법무아는 오온이 임시로 합친 것을 '나'라고 한다면 오온이 흩어지면 실아는 없다는 것이다. 일체의 모든 법(존재)은 인연법에 의해서 모이고 흩어지므로 그 어떤 것도 실체가 없는 것이다.

셋째로 일체개고는 고와 낙이라는 상대되는 성질로 존재하고 일체

의 모든 것이 머물러 있지 않기 때문에 불안과 고통이 따라 무상이 고정되는 것이다. 일체개고 대신에 열반적정을 넣기도 하는데, 모든 중생이 생사의 윤회에서 벗어나 적멸의 상태인 열반에 이르는 것이 최상의 경지라는 것이다.

사성제는 이 세상의 모든 이치는 고락의 원인과 결과에 따라 설명한 근본원리, 즉 苦(고), 集(집), 滅(멸), 道(도)를 말한다.

고성제는 이 세상 모든 것은 고통이 아닌 것이 없다고 하는 고통에 대한 진리이다. 즉, 인생은 고라고 환하는 것이다.

집성제는 고통의 원인은 모두 번뇌에서 비롯되고, 번뇌는 애욕과 업으로서 고제와 집제는 유전하는 인과이다.

멸성제는 모든 번뇌가 사라지고 평안한 경지에 들어가는 깨달음의 목표이고, 열반에 대한 진리이다.

도성제는 번뇌를 없애고 열반에 이르는 8가지 수행방법에 대한 진리이다.

五蘊(오온)과 六根(육근)

인간의 실체를 구성하고 작용하는 것이 오온이다. 無我(무아)를 모르는 것은 오온이 집합체로 구성되어 있음을 보지 못하기 때문이다. 오온은 빨리 생멸하기 때문에 무상을 보기 어렵다. 오온을 예리하게 주시하지 않음으로써 약간의 즐거움 속에 고통이 있는 것을 모른다.

五蘊(오온)은 인간의 행동으로 작용하는 5가지 요소로 다음과 같다.

色(색): 인간의 육체, 물질적인 것을 말한다. 인체는 지, 수, 화, 풍의 4색 형태로 구성되어 있다.

受(수): 좋은, 싫은, 중간 등을 느끼는 감각 기능이다.

想(상): 모든 대상을 지각하고 인식, 기억하는 생각의 작용이다.

行(행): 內心(내심)과 外境(외경)이 만나 신구의 삼업으로 일어나는 일체 행심, 즉 모든 행동의 반응으로 의지의 작용이다.

識(식): 인식, 판단, 분별하는 의식 작용이다.

六根(육근)은 사물 대상인 六境(육경)을 인식하는 6가지 감각기관으로, 번뇌가 들어오는 관문이다.

눈으로 색을, 귀로 소리를, 코로 냄새를, 혀로 맛을, 목으로 느낌을, 마음으로 인식을 한다.

육식은 번뇌를 관법으로 결정짓는 판단을 의미한다.

모든 존재와 현상에 고정불변한 실체가 있다는 것으로 인식하는 한 결코 진리를 깨달을 수 없다. 현재 '나'라는 몸은 오온의 작용에 따라 인식하는 대상일 뿐임을 알고, 모든 대상은 변화하고 없어진다는 사실을 명심해야 한다. 내가 인식하는 대상은 생각하지 않거나 생각을 다른 데로 돌리는 것만으로 문제를 해결할 수 없다. 그래서 왜 무아(無我)인지 알아야 한다.

왜
無我(무아)인가

무아관과 非我(비아)사상이 뿌리내리지 않으면 웰다잉 프로그램은 사상누각이다.

불교의 無我說(무아설)은 결코 "자아가 존재하지 않는다."거나 "자아가 없다."고 말하는 것이 아니다. 그것은 自我(자아)를 실체로 보는 것을 부정하는 것뿐이다.

불교가 부정하는 자아란

불멸의 영원한 실체로서의 주체를 부정할 뿐, 생멸, 변화하는 현상적인 주체는 인정하고 있다.

자아는 생각이고 실체는 아니지만 실체로 오인되는 것으로서의 자아는 "있다"고 볼 수 있다.

다만 세상의 모든 사물은 因(인)과 緣(연)의 화합으로 생긴 것이어서 실질적인 자아의 본체가 없다는 것이다.

근본적으로 모든 현상적 존재는 실체가 없다. 즉, 無我說(무아설)의 자아가 적용된다.

"나는 생각한다, 그러므로 존재한다."의 "나"는 의심할 수 없는 실체가 아니다. 그것은 자아라고 하는 하나의 생각이다. 그 생각이 "나"는 아니다.

그것을 實體(실체)로 오해하고, 집착하기 때문에 고통이 생기는 것이다. 그러므로 自我(자아)를 끊임없이 묻는 작업은 최종적으로 고통을 소멸하기 위한 일이다.

현재 나라고 하는 인식 대상은 생각, 감정, 몸을 관리하고 있는 관리자일 뿐이다.

무아는 불교의 세 가지 핵심사상의 하나로, 부처의 설법을 압축한 진리이다.

무아를 알면 탐욕이 생기지 않고, 분노와 무지는 없어진다.

무아란 문자 그대로 풀어보면 "我(아)가 없다", "我(아)가 아니다."라는 뜻인데 "我(아)"란 생멸변화를 벗어난 영원불변의 존재가 되는 실체나 본체가 되는 것이다.

이와 같은 실체나 본체를 불교에서는 경험하여 인식할 수 없는 것이므로 인정하지 아니하였다.

같은 맥락에서 볼 때 불교에서는 실질적으로 "我(아)가 없다"라고 말하지는 않지만, 우리들의 세계에서는 일체법이 "我(아)가 아니다"라고 할 수는 있다. 그래서 諸法無我(제법무아)란 모든 것은 "我(아)가 아니다"라고 해석할 수 있는 것이다.

불교에서 문제화하는 것은 "我(아)가 아닌" 현상으로서의 세계라 할 수 있다.

諸行無常(제행무상)은 누구나 쉽게 받아들이지만, 제법무아는 불교 이외에는 인정하지 않는 불교독자의 학설이라 할 수 있다.

인간의 존재를 이루는 5가지 요소가 五蘊(오온)인데 오온은 수시로 변화하고 달라지기 때문에 그에게 탐욕과 슬픔·비탄·근심·절망 등이 생긴다.

自我(자아) 가운데에는 오온이 있다고 생각하지 않으며, 나는 오온이고 오온은 바로 나인 것이라는 잘못된 생각 속에 있다. 그래서 "나"는 하나의 대상일 뿐이고, 고정된 실체는 없는 것이다.

모든 대상이 고정·불변하는 실체로 존재하지 않는다는 사실을 깨달으면 무아는 이해할 수 있다.

모든 존재와 현상에 고정불변한 실체가 있는 것으로 인식하는 한, 결코 진리를 깨달을 수 없고, 무아를 깨닫고, 무지를 없애면 윤회에서 벗어나게 된다.

우리에게는 3가지 자기(나)가 있는데 하나는 오온을 자기로 보는 "개념적인 나"이고, 또 하나는 오온을 "자각하는 나"이고, 세 번째는 명상으로 자기를 주시 통찰하는 "관찰하는 나"가 있다.

그러므로 五蘊(오온)자체를 객관적으로 거리를 두고 관찰하는 것이 반야로 가는 수행이다.

이론적인 무아는 사회와 인생에 좀 더 바르게 대하고, 있는 모습 그대로 살아가는 것으로 연기나 제법실상과 같은 말이다.

실천적 무아는 더욱 자기를 완성하는 충실한 인생의 행위를 가리킨다. 그러므로 이론적 무아나 空(공)은 실천적 무아나 공을 얻기 위한 기초로 불교의 최고 목적이기도 하다.

般若心經(반야심경)의 五蘊皆空(오온개공), 色卽是空(색즉시공), 空卽是色(공즉시색)의 空(공)은 이론, 실천적 공이나 무아를 의미하는 것이라 할 수 있다.[25]

----

25 미즈노 고겐, 『불교용어 기초지식』, 석원연 역, 들꽃누리(2002)

自我(자아)・
非我(비아)・無我(무아)

自我(자아)와 無我(무아)에 대하여

우리의 삶에 있어서 가장 큰 불안은 죽음에 대한 것이다. 죽음은 어느 한순간에 바깥에서 느닷없이 들이닥치는 것이 아니라, 우리의 삶 자체가 매 순간 그 마지막인 죽음을 향해 점점 가까이 가고 있는 중이라고 할 수 있다.

인생의 고를 불교에서는 八苦(팔고)로 정리한다. 누구나 겪게 되는 生老病死(생로병사)가 네 가지 자연적인 苦(고)이고, 사랑하는 사람과 헤어지는 愛別離苦(애별이고), 싫은 사람과 만나는 怨憎會苦(원증회고) 그리고 구하는 것을 얻지 못하는 求不得苦(구불득고)는 인간사회의 세 가지 苦(고)이며, 오온으로 인한 고인 五陰盛苦(오음성고)는 일체고의 근본이다.

석가의 고민의 출발점은 바로 이러한 인생의 고통이었다. 모든 사람을 고통으로부터 구제하고자 함이 출가수행의 목표였던 것이다.

불교에서는 인생고의 원인이 執着(집착)에 있다고 본다. 신체적, 성적 쾌락에 집착하거나, 돈과 명예 등에 집착한다. 그러한 집착의 바닥에 깔려 있는 근본적인 것은 바로 자기 자신에 대한 집착이다.

인간이 원하고 집착하는 것은 그것들이 나의 것이 되기를, 즉 나의 쾌락, 나의 돈, 나의 명예가 되었으면 하는 것이다. 이처럼 모든 집착의 근본에 '나 자신이 존재한다'는 생각이 놓여 있고, '자아가 있다'고 생각하며, 자아가 원하는 것을 그 자아의 것으로 만들기 위해 집착하는 것이다.

석가는 '자아가 있다'고 하는 생각이 잘못된 생각임을 깨달았다. 없는 것을 있다고 잘못 생각하므로 妄執(망집)이요, 없는 것을 바로 알지 못하므로 無明(무명)이다. 석가는 無我(무아)의 도리를 깨치면 我執(아집)을 벗어나고, 일체의 집착을 버림으로써, 고통에서 벗어나 자유를 얻을 수 있다고 無我(무아)를 설하였다.

無我(무아)라는 것이 아예 아무것도 없다는 뜻은 아니다. 무엇인가가 있어야 내가 그것을 나라고 간주할 수 있기 때문이다. 문제는 내가 그 무엇의 정체를 바로 알지 못하고 그것을 '자아'라고 망분별하고 망집착하는 것이다. 따라서 無我(무아)를 밝히자면, 우선 내가 나라고 생각하는 그 무엇의 정체를 바로 밝혀야 한다. 우리가 일상적으로 '나라고 간주하고 집착하는 그것은 과연 무엇인가? 무엇을 自我(자아)로 간주하며 我見(아견)을 일으키는가?

자아와 五蘊(오온)에 대하여

불교에서는 우리가 자아로 간주하며 집착하는 것을 色(색)·受(수)·想(상)·行(행)·識(식)의 오온으로 분석한다.

蘊(온)은 산스크리스트어(Skandha, 積集)의 번역어로 여러 인연이 모여 쌓인 것을 뜻한다.

우리가 각자 자기 자신이라고 생각하며, 집착하는 것은 어떤 단일한 고정된 실체가 아니라 여러 가지가 인연화합하여 형성된 축적물, 곧 '蘊(온)'이라는 것이다. 개개인의 몸과 마음을 오온의 인연에 의해 임시로 화합하여 성립한 것이라는 뜻에서 이것을 五蘊假和合(오온가화합)이라고 한다. 우리는 몸과 마음을 두 가지의 서로 다른 존재방식으로 생각한다. 몸은 눈에 보이는 가시적인 것이고, 마음은 눈에 보이지 않는 비가시적인 것이다. 불교에서는 전자를 色(색)이라고 하고 후자를 名(명)이라 칭한다. 오온에 있어 색은 인간의 신체에 해당하고, 수·상·행·식은 명으로써 인간의 마음에 해당한다. 즉 오온의 색은 물질적 존재로써 인간의 몸을, 명은 정신적 존재로, 마음에 해당하는 것이다.

우리가 自我(자아)라고 생각하는 것은 五蘊(오온)이다. 즉, 단일 실체가 아니라 色受想行識(색수상행식)의 화합물인 것이다. 나아가 그 각각의 다섯 또한 다른 것들이 인연화합하여 성립한 蘊(온)이다.

불교에서는 자아란 존재하지 않는다는 無我(무아)를 설한다. 우리가 자아라고 생각하는 것이 실은 無常(무상)한 오온화합물에 지나지 않는다는 것을 강조하고 있다. 無我(무아)를 말하기 위해 자아의 실상을 오온으로 밝힌 것이다.

오온설에 입각한 無我(무아)의 주장에 대해서 다음과 같이 반문할 수 있다. 우리가 오온을 자아라고 생각하고 그 오온이 인연화합물로써 존재한다면, 오히려 '자아는 존재한다. 그리고 자아는 단지 오온화합물일 뿐이다.'라고 말할 수 있다. 자아로 간주되는 오온이 있는데 왜

'자아는 존재하지 않는다'라는 無我(무아)를 설하는가? 無我說(무아설)의 진정한 의미는 과연 무엇인가?

無我(무아)의 설명은 이렇다

자아라고 간주하는 것은 五蘊(오온)이며, 그 오온은 존재한다. 그럼에도 불구하고 불교에서는 無我(무아)를 설하는 것은 무슨 이유에서인가? 그것은 우리가 오온을 자아라고 간주하며 갖는 자아의 개념과 오온의 실상이 서로 일치하지 않기 때문이다.

예를 들어 두 사람이 산길을 걷다가 한 사람이 무엇인가를 보고 그것이 뱀인 줄 알고 놀라 달아났는데, 다른 사람이 자세히 보니 그것은 뱀이 아니고 꼬여 있는 동아줄임을 알았다면, 그는 무어라 말할 수 있는가? '여기에 뱀은 있지 않다'라고 말할 것이다. 뱀이 있지 않다고 해서 앞의 사람이 뱀으로 여긴 그 물체가 아예 없다는 말은 아니다. 무엇인가는 있지만, 그것이 그가 생각한 뱀은 아닐 때 '여기에 뱀은 없다'고 말하는 것이다. 마찬가지로 우리는 일상적으로 오온을 자아라고 생각하여 집착하지만 오온이 우리가 생각하는 그런 자아는 아니므로, '거기에 자아는 없다'라고 말하는 것이다.

그렇다면 우리는 자아를 어떤 존재라고 생각하며 집착하는가?

오온은 想一主宰(상일주재)의 자아가 아니다. 즉, 非我(비아)다. 우리는 자아란 그것이 바로 '나'이기에 내 마음대로 할 수 있는 主宰(주재)적 존재이며, 또 그것이 언제나 '나'이기에 항상 동일한 常一(상일)의 존재라고 생각한다. 이에 반해 불교에서는 우리가 자아라고 간주하는 오온이 결코 내가 주인으로서 내 마음대로 할 수 있는 그런 主宰的存在(주재적존

제)가 아니라는 것을 논한다. 오온은 내 뜻대로, 내 마음대로 될 수 있는 것이 아니다. 그 점에서 오온은 주재적존재로서의 자아개념과 일치하지 않으며, 따라서 우리가 생각하는 그런 '자아는 없다'는 것이다.

만일 오온이 주재적인 '나'였다면, 그 오온에는 내가 원치 않는 病(병)이나 苦(고)가 생기지 않을 것이며, 만일 오온이 나의 것이라면, 내가 내 마음대로 이렇게 저렇게 바꿀 수 있기에 이렇게 또는 저렇게 되었으면 좋겠다는 식으로 바라고 있지도 않을 것이다.

그러나 실제로 오온은 내 마음대로 되지 않으며, 결국은 病老死(병로사)를 겪게 되고 고통스러워지는 것이다.

오온이 나도 아니고, 나의 것도 아니기 때문이다. 오온의 無常(무상)함에서 오는 괴로움, 그것은 결국 오온이 主宰的自我(주재적자아)가 아니라는 것, 우리가 생각하는 주재적자아란 존재하지 않는다는 것을 말해준다. 내 마음대로 할 수 있는 그런 내가 아님에도 불구하고, 그런 오온을 나라고 생각하면서, 아끼고 집착하는 것은 我執(아집)·迷妄(미망)이다.

불교에는 또한 오온이 常一(상일)하지 않음을 강조한다. 우리는 오온이 자기 동일성을 유지하는 항상된 자아라고 집착하지만, 실제 오온은 상일한 것이 아니고, 색수상행식의 화합물로써 단일한 것이 아니다. 多(다)로 구성되어 있으며 항상 된 것도 아니라 無常(무상)한 것이다.

오온은 단일하지 않은 화합물이기 때문에, 오온 그 자체로 존재하지 못하고 다른 요소들에 의존하는 현상적 존재이며, 그 요소들이 화합하여 있는 동안은 있는 것처럼 나타나지만 시간이 지나 그 요소들이 흩어지면 사라져 버리는 無常(무상)한 존재인 것이다.

예를 들어, 우리가 살고 있는 집을 한 채 두 채라고 세면서 단일한 실체인 듯이 생각하지만, 실제로 집이란 벽과 천장과 바닥 등으로 조립된 결합물일 뿐이다. 집이라는 물체가 단일한 실체가 아니고, 구성요소들이 결합되어 있는 동안만 존재하는 일시적인 존재이고, 요소들이 흩어지면 집은 더 이상 존재하지 않는다. 마찬가지로 오온화합물로써의 '자아'는 색수상행식 오온이 결합한 인연화합물이며, 그 요소들이 화합하여 있는 한은 존재하지만, 요소가 흩어지면 사라지는 無常(무상)한 것이다. 항상 하고 단일한 자아가 아닌 것이다.

그러나 자아라고 간주하는 오온이 상일주재의 자아가 아니라는 것은 오온이 자아가 아니라는 '非我說(비아설)'일 뿐이지, 정작 자아가 존재하지 않는다는 '무아설'은 아니지 않는가? 즉 오온이 상일주재의 자아가 아니라는 것은 오히려 상일주재의 자아는 오온이 아닌 다른 것이어야 한다는 것을 말해주는 것은 아닌가?

불교에서는 오온이 자아가 아니라는 점에서 비아를 말했을 뿐, 브라만교나 마찬가지로 상일주재적 자아를 인정한 것은 아닌가?

常一主宰(상일주재)의 자아는 존재하지 않는다. 즉, 無我(무아)다.

불교의 무아설이 단순히 五蘊非我(오온비아)설에 그치는 것은 아니다. 오온이 상일주재의 자아가 아니라는 것이 상일주재의 자아가 오온 밖에 따로 있다는 것을 뜻하는 것은 아니다. 오히려 불교에서는 상일주재의 자아개념이 단지 오온화합물을 지칭하면서 우리가 가상적으로 만들어낸 허구적 개념에 지나지 않는다는 것을 강조한다.

우리가 살고 있는 집의 경우를 한 번 더 예로 들어보면, 벽과 천장과 바닥 등이 합해져 있을 때는 집으로써 형태를 이루고 있지만, 그것들을 분해하면 집은 없어진다. 그렇다면 집은 무엇인가? 요소들이 화합하여 이루어진 것이지만, 그렇다고 요소들이 화합해서 새로운 존재를 창출하는 것은 아니며, 나아가 '집'에 상응하는 새로운 실재가 요소들과 구분되는 것으로서 따로 존재하고 있는 것도 아니다. '집'은 바로, 있다가 사라지게 될 그 복합물로써의 집을 지칭하는 것일 뿐이기 때문이다. 따라서 '집'이란 그에 상응하는 실재가 존재하지 않는 단순한 이름에 지나지 않는 것이다. 그것은 實名(실명)이 아니라 假名(가명)이며 관념으로만 존재하는 것이다. 즉, 집을 이해하는 우리의 마음에 대해서만 있는 것이다. 마치 사람들이 모임을 '군중'이라고 칭하고, 다섯 손가락의 모임을 주먹이라고 칭해도, 군중이나 주먹이란 단지 이름일 뿐 그에 상응하는 실재가 우리 생각 바깥에 따로 있지 않는 것과 같다. 다섯 손가락을 모으면 주먹이지만, 손가락을 펴면 주먹은 더 이상 없다. 주먹은 어디서 왔다가 어디로 간 것인가? 그것은 본래 없는 것이기에, 그 온 곳과 간 곳을 물을 수 없다.

이와 같이 불교에서는 색수상행식 오온화합물이 상일주재적 자아가 아니라는 비아를 말할 뿐 아니라, 오온 너머에 상일주재적 자아가 존재하는 것도 아니라는 無我(무아)를 말하고 있다.

상일주재적 '자아'란 오온화합물을 지칭하기 위해서 사용되는 단지 이름일 뿐이요, 말일 뿐이기 때문이다. 자아라는 것은 하나의 가명일 뿐 실재하는 것은 아니다. 벽과 천장과 바닥을 합하여 만든 것을 '집'이라고 명명하면서, '집'이라는 말에 상응하는 단일한 실체가 존재한다고 생각하는 것이 잘못인 것과 마찬가지로, 색수상행식 오온에 대해 그것을 '자아'라고 명명하면서 오온 안에서든 오온 밖에서든 그 '자아'

라는 개념에 상응하는 단일한 실체가 따로 존재한다고 생각한다면 그것은 잘못이다.

중생이나 자아라는 것은 사유의 조작과 願(원)에 따라 세워진 개념이고 말일 뿐이다. 그러므로 자아에 집착하는 것은 말에 집착하는 것이 된다.

오온이 상일함, 실체 또는 자아가 아니라는 것을 논할 뿐 아니라(五蘊非我, 오온비아), 상일한 자아라는 관념 자체가 오온에 따라 생겨난 허구적 관념임을 강조한다.

불교의 무아설은 '오온은 자아가 아니다'라는 '非我說(비아설)'에 그치는 것이 아니라, '상일주재의 자아는 존재하지 않는다'는 말 그대로의 '無我說(무아설)'인 것이다.

그러나 우리가 오온을 자아라고 간주하되, 더 이상 상일주재적 자아의 관념에 매어 있지 않다면, 그때는 '자아는 존재하고, 그 자아는 인연화합한 무상한 오온 이외의 다른 것이 아니다.'라고 말할 수밖에 없다. 우리의 관념과 무관하게 오온으로서의 자아는 존재하는 것이 아닌가? 그럼에도 불구하고 불교무아설이 의미가 있다면, 그 의미는 무엇인가? 이에 대한 해답을 얻고자 한다면 불교무아설의 핵심이 되는 緣起思想(연기사상)에 대해 살펴볼 필요가 있다.

연기의 원리를 이해하기 위해서는 실체론과 연기론을, 그리고 연기적 존재의 모습을 알아보고 연기와 空(공)에 대한 원리를 알면 오온과 자아 그리고 무아를 깨닫게 된다.

연기란 존재하는 모든 것은 因(인)과 緣(연)이 화합하는 조건에 의해 이루어졌기 때문에, 조건이 변하면 모든 것이 변하므로 自性(자성)도 없으며, 相(상)은 항상 하는 것도 아닌 無常(무상)이며, 독립적인 존재가 없으므로 無我(무아)로써 空(공)한 것이라는 논리이다.[26]

----

26 한자경, 『불교철학의 전개』, 예문서원(2003)

自我(자아)를 버리고
無我(무아)로 가야 한다

無我(무아)의 개념

無我(무아)란 문자 그대로 풀어보면 '我(아)가 없다', '我(아)가 아니다'라는 뜻인데, '나'란, 생멸변화를 벗어난 영원불멸의 존재가 되는 실체나 본체가 되는 것이다. 이와 같은 실체나 본체를 불교에서는 경험하여 인식할 수 없는 것이므로 인정하지 아니하였다. 같은 맥락에서 볼 때 불교에서는 '실질적으로 我(아)가 없다'라고 말하지는 않지만, 우리들의 세계에서는 一切法(일체법)이 '我(아)가 아니다'라고 표현할 수는 있다. 그래서 諸法無我(제법무아)란, 모든 것은 '我(아)가 아니다'라고 해석할 수 있는 것이다. 불교에서 문제화할 것은 '我(아)가 아닌' 현상으로서의 세계라 할 수 있고, 이런 의미에서 諸法無我(제법무아)의 法印(법인)이 불교 독자의 것이라고 실한 것이다.

無我(무아)나 空(공)은 실체가 없는 것이라기보다는 모든 法(법)이 無我(무아)나 空(공)의 상태임을 가리키는 것이다. 이론적으로 無我(무아)나 空

(공)은 無自性(무자성)이라 한다. 자기 스스로 고정된 본체나 성질인 固定性(고정성)은 없다는 것이다. 고정되어 있다는 것은 他(타)와 관계없이 홀로 독립되어 존재하는 것인데, 세상의 모든 것은 타와 관계가 있으며, 타와 관계없이 존재하는 물질은 하나도 없다. 모든 것이 시간적으로나 공간적으로 타와 관련되어 존재하는 상대적, 상관적 물질인 것이다. 즉, 無我(무아)나 空(공)은 나를 비운 상태에서 자기중심적 탐욕을 버리고 타인의 입장에서 사회와 인생을 좀 더 바르게 대하고 있는 모습 그대로 살라는, 大我(대아)의 실천 목표로 하는 불교의 최고 목적이다.[27]

三法印(삼법인)과 無我(무아)

우주만유를 관통하는 법칙이 緣起法(연기법)이라면 존재의 실상을 나타내는 것이 불교의 三法印(삼법인)이다. 부처의 진실한 세 가지 가르침인 三法印(삼법인)은 모든 것이 변한다는 諸行無常(제행무상), 모든 변화하는 것에는 실체가 없다는 諸法無我(제법무아) 그리고 변하는 모든 것은 괴로움을 낳는다는 一切皆苦(일체개고)의 세 가지 진리이다.

諸行無常(제행무상)은 세상의 모든 것이 변한다는 뜻으로 허무하다는 의미로 사용하는 인생무상과는 의미가 다르다. 諸行無常(제행무상)은 모든 존재의 속성이 항상 그대로 있지 않고, 변한다는 점을 강조한다. 사물을 있는 그대로 바라볼 때 드러나는 존재의 속성은 모든 것이 변해가고 있기 때문이다.

諸法無我(제법무아)는 변하는 모든 것에는 自我(자아)라는 실체가 없다

---

27 미즈노 고겐, 『불교용어 기초지식』, 석원연 역, 들꽃누리(2002)

는 無我(무아)의 가르침이 들어간다. 모든 것은 인연에 따라 생겼다가 그 인연이 다하면 흩어지기 때문에 고정불변의 실체란 없다. 無我(무아)의 가르침은 우리에게 자기중심적 사고와 我執(아집)이 허망한 것임을 일깨워준다.

一切皆苦(일체개고)는 변하는 모든 것은 괴로움이라는 뜻이다. 즉 無常(무상)하기 때문에 괴롭다는 것이다. 세상사는 희로애락이 다 있어 괴로움만 있는 것이 아닌데 왜 모든 것을 고통이라고 하는가? 그것은 기쁨과 즐거움은 일시적임에도 불구하고 영원한 것으로 믿고 그것에 집착하기 때문에 고통스러운 것이고, 모든 것은 변하므로 고정불변의 실체가 없다는 것이다.

불교에서는 緣起(연기)와 三法印(삼법인)의 가르침으로 인간이 본래의 모습을 볼 수 있게 해주고 더 나아가서 현실의 고통에서 벗어나 진리를 구현하는 수행의 길을 가르쳐주는 '네 가지 성스러운 진리'인 四聖諦(사성제)를 가르치고 있다. 네 가지 진리는 괴로움의 진리인 苦聖諦(고성제), 괴로움이 일어나는 원인에 대한 진리인 集聖諦(집성제), 괴로움의 소멸에 대한 진리인 滅聖諦(멸성제), 괴로움을 소멸하는 길에 대한 진리인 道聖諦(도성제)를 말한다.[28]

無我(무아)와 空(공)

無我(무아)와 무상은 空(공)으로 개념이 확대된다. 空(공)이란 모든 것이 고정된 실체로서의 自性(자성)없다는 것을 말한다. 여기에서의 空(공)

---

28 대한불교 조계종 포교원, 『불교입문』, 조계종출판사(2017)

은 허무를 뜻하는 것이 아니다. 이것은 비유하면 虛空(허공)과 같다. 허공은 줄거나 늘지 않으며, 생기거나 사라지지 않는다. 바로 텅 빈 空(공)에 모든 것이 들어 있고, 모든 것이 창조되는 것처럼 말이다. 이 허공과 같은 마음이 바로 空(공)이다.

불경의 般若心經(반야심경)에 色卽是空(색즉시공), 空卽是色(공즉시색)이라는 말이 있다. 이 구절의 空(공)의 의미를 부파불교에서도 나는 無我(무아)로서 空(공)하지만 그 나를 구성하는 요소로서의 법은 실체로써 언제나 변함없이 존재한다고 했다. 그러나 대승불교에서는 般若(반야)의 초월적 지혜를 높이 내걸고 法(법)도 역시 空(공)하다고 천명했다. 般若心經(반야심경)에서 照見五蘊皆空(조견오온개공)이라는 구절에서는 나를 구성하는 법으로써의 다섯 가지 요소를 지혜의 눈으로 비추어 보니, 모두空(공)이라고 했다. 여기에서 대승불교에서의 空(공)에 대한 전개는 생략한다.

諸法無我(제법무아)에서 법을 '세상만물', '사물', '존재'로 말하지만 이들은 그 사물에는 自性(자성)이 없기 때문에 사람의 마음작용으로 드러난 세상을 말한다.

예를 들면, '볼펜'은 볼펜 대, 볼펜 심, 스프링, 볼펜 뚜껑 등의 여러 가지 요소가 모여서 만들어진 것이기 때문에 볼펜이라고 할 것이 없고, '물(水)'도 산소와 수소가 결합하여 만들어졌기 때문에 물이라고 할 고정된 自性(자성)이 없다는 뜻이다.

그러므로 諸法無我(제법무아)에서 '我(아)'는 自性(자성)을 말한다. 이렇듯 '諸法無我(제법무아)'의 이치는 空(공)으로 드러난다. 空(공)이란 아무것도 없다는 뜻이 아니고, 바로 내 눈앞에 보이는 대상은 모두 自性(자성)

이 없다는 것이다.

왜냐하면 모든 대상은 마음작용으로 연기된 것이지 눈에 보이는 실체는 없기 때문이다. 즉, 고정된 것이 아닌 것을 우리는 그때그때 규정하고 이해한 것을 실제로 고정된 것으로 있다고 생각한다. 이것이 般若心經(반야심경)에서 말하는 顚倒夢想(전도몽상)이다. 마음 안에 펼쳐진 세상인데 그것이 마음 밖에 별도로 있다고 하니, 이는 꿈을 생시로 여기는 것과 같은 전도된 생각이다.[29]

---

29 목경찬, 『연기법으로 읽는 불교』, 불광출판사(2014)

죽음으로부터 배우는
삶의 지혜

죽음의 순간에 중요한 것이 2가지 있습니다. 자신이 사는 동안 어떤 일을 행했는가와 죽어가는 바로 그 순간 마음의 상태가 어떠한가가 그것입니다. 우리가 부정적인 카르마를 너무 많이 축적했다고 해도, 죽는 순간에 마음을 바꿀 수만 있다면, 우리의 미래가 결정적인 영향을 받아 우리의 카르마 또한 바뀔 수 있습니다. 왜냐하면 죽음의 순간이야말로 카르마를 정화할 수 있는 예외적으로 유력한 기회이기 때문입니다.

佛子(불자)로서 나는 죽음이 삶의 일상적인 전개과정이요, 지상에서 살아가는 한 우리가 수용해야 할 과정이라고 생각합니다. 죽음이 불가피하다는 사실을 직시한다면 죽음에 대해 걱정할 이유도 없습니다. 나는 죽음이 궁극적인 종말 같은 것이라기보다, 낡아서 해졌을 때 갈아입는 옷과 같은 것이라고 생각합니다. 그러나 죽음이 찾아들 날은 결코 예측할 수 없습니다. 그러므로 죽음이 찾아들기 전에 미리 준비하는 것만이 현명한 처사입니다.

- 달라이라마

당신 자신에게 다음과 같은 2가지 질문을 던져 보십시오.

내가 죽어가고 있다는 사실, 그리고 다른 모든 사람과 다른 모든 것 또한 죽어가고 있다는 사실을 나는 매 순간 기억하고 있는가?

그리하여 모든 존재를 항상 자비심으로 대하고 있는가?

죽음과 무상함을 통렬하고 절박하게 이해해서 매 순간 깨달음을 추구하고 있는가?

만일 이 2가지 질문에 "그렇다!"라고 답할 수 있다면 당신은 덧없음을 제대로 이해한 것입니다.

- 소갈린포체

해탈과 열반
그리고 마음

解脫(해탈)과 涅槃(열반)은 불교에서 사용되는 죽음에 관련된 용어이다.

해탈이란 느슨해지는 것, ~에서 해방되는 것, 救助(구조), 석방하는 것, 放棄(방기), 흐르는 것, 놓는 것 등의 뜻이 있다. 三德(삼덕) 가운데 하나이기도 하다. '번뇌 망상에서 벗어나 자유 자재한 경계에 도달하는 것', '열반의 다른 이름, 모든 번뇌와 고통에서 벗어난 度脫(도탈)', '선정의 다른 이름' 등으로 해석한다.

열반은 Nirvana(니르바나)의 음역으로, 고요하다는 의미인 寂(적)을 담아. 적멸이라고도 번역한다. 불교 이전에는 不死(불사: 감로)라고 했다. 생사윤회를 벗어난 이상의 상태를 가리키는 말로써, 욕심, 탐욕, 분노, 瞋恚(진에)가 살라진다는 뜻이다. 우치(어리석음), 즉 일체의 번뇌가 불을 불어 끄는 것과 같이 일순간 사라지는 것과 같은 상태를 말한다. 최고의 깨친 경지인 것이다. 부처님의 죽음인 無餘涅槃(무여열반)이나 사멸,

성자들의 죽음도 의미한다. 열반은 泥洹(이원), 寂滅(적멸), 寂靜(적정)으로 번역한다.

마음이 번뇌로부터 해방되면, 法(법)에 맞는 이상적인 움직임이 자유롭게 나타나게 된다. 모든 번뇌의 불덩이를 불어 끈 상태가 열반인 고로, 이상적 움직임이 잠재적으로 또는 표면적으로 나타나는 것이 보리(깨침)인 것이다.

열반은 죽음이 아닌가? 사후세계가 두려운 것은 죽고 나면 모든 것이 없어진다고 생각하기 때문이다. 그 반대로 내가 죽으면 끝이 아니고, 더 계속된다든가, 더 좋은 곳에 간다고 생각하면, 죽음은 덜 두려울 것이다.

죽음을 자연스러운 현상으로 받아들인다면, 사후세계가 있든지 없든지, 좋은 데가 있든, 나쁜 데가 있든 의미가 없어진다.

인생을 꿈과 같은 것이라고 본다면, 꿈에서 깨어나 그것이 좋은 꿈이든 나쁜 꿈이든 '꿈이구나' 하고 아는 것처럼, 두려움 없이 생사의 의식을 갖게 될 것이다. 생사를 뛰어넘을 수는 없어도, 생과 사라는 잘못된 인식을 벗어날 수는 있다.

힌두교 신앙에서 믿고 있는 輪廻(윤회)관은 현재의 삶에 따라 윤회하는 대상이 결정된다고 하여, 지금 어떻게 사느냐는 것이 내세의 환생을 결정한다. 그러나 사후세계가 있는지 없는지에 대한 걱정은 의미가 없다. 지금 바르게 살고 있다면, 극락이 있으면 갈 것이고, 지옥이 있어도 안 갈 테니까. 죽어서의 문제는 현세에서 이미 결정된 것이므로 걱정할 필요가 없다. 내 마음이 하는 대로 業(업)이 생기고 그 지은 업에 따라 果報(과보)를 받는다고 믿으면 된다.

우리 인간의 마음은 한 생각이 불쑥 일어났다가 갑자기 사라져 버린다. '죽을 때까지 사랑하자 약속해도 시간이 지나면 그 마음이 사라진다.' 그런데 변하지 않는다고 생각하거나, 변하지 않기를 바라는 것은 헛된 생각을 고집하는 것이다.

변하기 때문에 괴로움이 생기는 것이 아니라, 변하지 않기를 바라는 마음 때문에 괴로움이 생기는 것이다. 변하는 것이 당연하다는 것을 알고 있으면, 변하는 것이 왔을 때 괴로움이 생기지 않는다. 마치 바다의 파도가 일어나고 사라지는 것처럼, 이 세상에 생성되어 존재하는 모든 것은 반드시 소멸한다는 것을 깨쳐서 집착을 놓아 버리면, 생겨난다고 기뻐할 일도 없고, 사라진다고 괴로워할 일도 없어진다. 그것을 직시하면 두려움도 아쉬움도 없을 텐데. 부분적으로 인식하니까 없어졌다고 생각해서 아쉬움이 생기고, 없어질까 봐 두려움이 생기는 것이다.

태어나면 늙게 되고, 병들면 죽는 것은 모든 생물의 자연현상이고 우주의 법칙이다. 늙고 죽음도 단지 변화일 뿐임을 알게 되면, 더 이상 두려워하지 않게 된다.

숨이 끊어져 몸이 흩어지는 것이나,
하루하루 세포가 바뀌는 것이나, 다 똑같은 변화이다.
실재하는 것은 변화일 뿐인데, 보이면 살았다고 하고,
안 보이면 죽었다고 하고, 안 보이다 보이면 태어났다고 하는 것이다.[30]

---

30 법륜, 『인생수업』, 휴(2013)

영혼과 윤회에
대하여

윤회는 힌두교의 중심관념이자 불교의 핵심적인 원리로써 영혼의 존재를 전제로 한다. 즉, 사람이 죽으면 그만이 아니고 생전에 지은 業(업)에 따라 몸을 바꾸어가며 다시 태어난다는 것이다. 윤회가 있고 인과가 있다는 것이 분명하다면 어떻게 해야 할 것인가? 어떤 방법으로 어떻게 살면 생사윤회를 벗어날 수 있는 해탈의 길이 열릴 수 있는가? 이것이 수행의 목표가 될 것이다.

윤회를 인정하는 몇 가지 연구가 있다. 그 연구 방법 중 前生記憶(전생기억)이라는 것이 있다. 현재의 사람이 전생의 어느 곳에 살던 누구인데, 이러이러한 삶을 살았다고 이야기하는 사람이 있다. 그런 사람의 윤회를 암시하는 20여 가지의 사례를 미국 버지니아 대학의 이안 스티븐슨(Ian Stevenson)박사가 연구하여 책으로 출판하였다. 전생기억 외에 또 한 가지는 借屍還生(차시환생)이란 것이 있다.

사람이 죽어서 다시 태어나는 것이 아니라, 내 몸이 죽은 즉시 남의 시신에 의지해서, 즉 몸을 바꾸어 다시 살아나는 경우이다. 이 사실은 1916년 2월 26일자 중국 神州日報(신주일보)에 보도된 사실이다. 이 경우는 자기는 죽어버리고, 혼이 남아 다른 사람의 시신에 들어가서 다시 태어나는 것으로, 일종의 전생이다.

전생이라는 것은 반드시 몸뚱이가 죽고 어머니 배 속에서부터 다시 태어나는 것만 있는 것이 아니다. 영혼만이 남의 육체를 빌려서 전생 기억을 갖고 다시 태어나는 경우도 있다.

이것을 차시환생이라고 한다. 이러한 이야기는 모두 당사자가 전생 기억을 갖고 있어서 이야기하는 경우들을 연구한 결과이다.

전생연구는 심리학에서 최면술을 사용하여 그 사람의 전생을 알아내는 방법인데, 年齡逆行(연령역행, Age Regression)이라고 한다. 최면을 걸어 최면상태에서 사람의 연령을 계속해서 후퇴시키는 방법으로 서른 살 된 사람을 열 살로 만들어서 그 나이일 때의 말과 행동을 그대로 하는 것이다. 한 살로 만들어 놓으면 말도 못 하고 울기만 한다. 이런 것을 연령역행이라고 하는데 심리학에서는 인정하는 것이다.

의학에서도 연령역행을 인정하고 있다. 어떤 사람이 병이 났는데 도저히 그 원인을 알 수 없을 때 연령역행을 시켜서 그 원인을 조사하면, 10년이나 20년 전의 옛날에 그 원인되는 것이 있음을 알 수 있다고 한다. 정신과학에서는 前生回歸(전생회귀)라고 하는데 전생으로 돌아가서 환생뿐만 아니고, 이생·삼생······ 여러 수십 생까지 올라가는 방법이다.

심리학에서는 인간의 정신상태를 3가지 단계로 나눴는데, 현재 의식상태가 있고 그 의식 안에는 잠재의식이 있고, 잠재의식 속에 무의식상태가 있다. 무의식은 의식이 완전히 끊어진 상태이다. 영국의 캐논(Sir Alexander Cannon)은 정신과 의사인데, 전생조사 연구에 많은 공적이 있다.

그는 최면술을 이용한 무의식상태에서 전생회귀를 시켜 보니 자꾸 전생이 나타나는 것을 발견한 것이다. 그는 1382명에 대한 전생자료를 수집하여 『인간의 잠재력(The Power Within)』이라는 책을 출판하였다. 그는 전생회귀를 통해서 난치병 치료방법을 개발한 것으로 유명하다.

그러면 前生(전생)이 있고 輪廻(윤회)를 한다고 할 때 어떤 법칙에서 윤회를 하는가?

내가 원하기만 하면 김 씨가 되고, 또 남자로 태어날 수 있는가? 캐논 보고서를 살펴보면 그것은 불교에서 말하는 인과법칙에 의한 것이 판명되었다. 인과법칙이란 善因善果(선인선과), 惡因惡果(악인악과)의 원칙이다. 이것은 자연의 법칙으로, 콩 심은 데 콩 나고, 팥 심은 데 팥 난다는 말이다. 착한 원인에서 좋은 결과가 생기고 나쁜 원인에는 좋지 않은 결과가 생긴다. 전생에 악한 사람이었으면, 금생에 불행한 사람이고, 전생에 착한 사람이면 반드시 금생에 행복한 사람이라는 것이다.

부처님은 〈법화경〉에서 말씀했다.

欲知前生事(욕지전생사)

今生受者是(금생수자시)

欲知內生事(욕지내생사)

今生作者是(금생작자시)

전생 일을 알고자 하느냐?

금생에 받은 것이다.

내생 일을 알고자 하고자 하느냐?

금생에 하는 그것이다.

부처님의 말씀에 윤회를 한다, 인과가 있다는 것은 현대의 과학자료에서 충분히 설명되었다. 이 우주의 진리를 다 깨달은 부처님께서 윤회를 말씀하셨으니, 이것을 믿으면 그만이다. 그러므로 실천하는 것은 나의 몫이다.[31]

---

31 성철, 『영원한 자유의 길』, 장경각(1997)

반야심경을 이해하고 실천해야 한다

　　반야심경은 '대반야경' 600권의 사상을 한자 260자로 요약한 경전이다. 여기에는 시종일관 空(공)사상이 흐르고 있다. 이 세상의 모든 것은 실체가 없는 것이기 때문에 空(공)의 지혜(반야)를 얻어 결국에는 正覺(정각)을 이룰 수가 있다는 것이다.

般若波羅蜜多心經(반야바라밀다심경)의 본문 해설

　　관자재 보살이 깊은 반야바라밀다를 행할 때에, 五蘊(오온)이 모두 空(공)함을 밝혀 보아 모든 괴로움에서 건지느니라. 사리자여 色(색)이 空(공)과 다르지 아니하고 空(공)이 色(색)과 다르지 아니하나니 色(색)이 곧 空(공)이요 空(공)이 곧 色(색)이며, 受(수)·想(상)·行(행)·識(식)도 또한 그러하니라. 사리자여 이 모든 법의 空(공)한 모습은 생김도 멸함도 더러움도 깨끗함도 느는 일도 주는 일도 없느니라. 그러므로 空(공) 안에는 色(색)도 없고 受(수)·想(상)·行(행)·識(식)도 없고 眼(안)·耳(이)·鼻(비)·

舌(설)·身(신)·意(의)도 없고 色(색)·聲(성)·香(향)·味(미)·觸(촉)·法(법)도 없고 眼界(안계)와 無意識界(무의식계)도 없으며 無明(무명)도 없고 無明(무명)이 다함도 없고 老死(노사)도 없고 老死(노사)의 다함도 없고 苦·集·滅·道(고·집·멸·도)도 없고 지혜도 없고 얻음도 없느니라. 얻음이 없기 때문에 보리살타는 반야바라밀다를 의지하므로 마음에 걸림이 없고 걸림이 없기 때문에 두려움이 없어서 뒤바뀐 헛된 생각을 멀리 떠나 마침내 열반하나니 삼세의 여러 부처님들도 반야바라밀다에 의하여 최상의 깨달음을 얻느니라. 그러므로 반야바라밀다는 가장 신비스러운 주문이며, 가장 밝은 주문이며, 위없는 주문이며, 무엇과도 견줄 수 없는 주문이어서 능히 일체의 괴로움을 없애고 진실하고 헛됨이 없다. 그러므로 이제 반야바라밀다의 주문을 설하노라.

아제아제바라아제바라승아제모지사바하

般若心經(반야심경) 한자용어 해석

摩訶波羅蜜多心經(마하바라밀다심경): 큰 지혜로 부처의 세계에 이르도록 하는 핵심되는 진리의 말씀

觀自在菩薩(관자재보살): 관세음보살의 다른 이름. 모든 중생의 고통을 살피어 해결해주는 보살님

行深般若波羅密多時(행심반야바라밀다시): 깊은 반야바라밀다를 시행하실 때

照見五蘊皆空(조견오온개공): 五蘊(오온)이 모두 空(공)함을 비추어 보고

度一切苦厄(도일체고액): 일체의 고통과 액난을 건너다.

色不異空(색불이공): 色(색)이 空(공)과 다르지 않고

空不異色(공불이색): 空(공)이 色(색)과 다르지 않아

色卽是空(색즉시공): 色(색)이 곧 空(공)이요

空卽是色(공즉시색): 空(공)이 곧 色(색)이다.

受想行識亦復如是(수상행식역부여시): 受(수)·想(상)·行(행)·識(식), 즉 정신적인 것도 역시 그렇다.

是諸法空想(시제법공상): 이 모든 법의 空(공)한 모습

不生不滅不垢不淨不增不感(불생불멸불구부정불증불감): 나는 것도 아니며, 없어지는 것도 아니다.

더러운 것도 아니며 깨끗한 것도 아니다. 늘어나는 것도 아니며, 줄어드는 것도 아니다.

是故空中無色(시고공중무색): 이런 까닭에 空(공) 가운데는 色(색)이 없으며

無受想行識(무수상행식): 受(수)·想(상)·行(행)·識(식)도 없으며

無眼耳鼻舌身意(무안이비설신의): 눈·귀·코·혀·몸, 뜻도 없으며

無色聲香味觸法(무색성향미촉법): 빛깔·소리·냄새·맛·촉감·생각의 각각의 대상도 없으며

無眼界乃至無意識界(무안계내지무의식계): 眼界(안계)에서 無意識界(무의식계)까지도 없다.

無無明亦無無明盡(무무명역무무명진): 無明(무명)이 없으며, 無明(무명)이 다 없어진 것도 없다.

乃至無老死亦無老死盡(내지무노사역무노사진): 늙고 죽음도 없으며, 늙고 죽음이 다 됨도 없다.

無苦集滅道(무고집멸도): 고통과 고통의 원인과 열반과 열반에 이르는 길도 없으며

無智亦無得(무지역무득): 지혜라 할 것도 없고, 또한 지혜를 얻음도 없다.

以無所得故(이무소득고): 얻을 바가 없는 까닭에

菩提薩埵依般若波羅密多(보리살타의반야바라밀다): 보살들은 반야바라밀다에 의지한다.

故心無罣碍(고심무가애): 그러므로 마음에 걸림이 없고

無罣碍故無有恐怖(무가애고무유공포): 걸림이 없는 까닭에 두려움도 없다.

遠離顚倒夢想(원리전도몽상): 顚倒夢想(전도몽상), 즉 잘못된 생각을 멀리 여의고

究竟涅槃(구경열반): 구경, 즉 끝내 열반에 나아간다.

三世諸佛(삼세제불): 과거, 현재, 미래의 모든 부처님

依般若波羅蜜多故(의반야바라밀다고): 반야바라밀다에 의지한다.

得阿耨多羅三藐三菩提(득아뇩다라삼먁삼보리): 큰 깨달음을 이루다.

故知般若波羅密多(고지반야바라밀다): 그러므로 알아라. 반야바라밀다는

是大神呪是大明呪(시대신주시대명주): 이는 크게 신비한 참 말씀이며, 이는 크게 밝은 참 말씀이며

是無上呪是無等等呪(시무상주시무등등주): 이는 최상의 참 말씀이며, 이는 비교할 수 없는 등급의 참 말씀으로

能除一切苦(능제일체고): 능히 일체의 모든 고통을 없애며

眞實不虛(진실불허): 진실하여 헛됨이 없다.

故說般若波羅密多呪(고설반야바라밀다주): 이제 반야바라밀다의 참 말씀을 설하노라.

卽說呪曰(즉설주왈): 곧 참 말씀(주문)을 설해 말씀하심

揭諦揭諦波羅揭諦波羅僧揭諦菩提娑婆訶(아제아제바라아제바라승아제모지

사바하_(사바하): 가자가자 부처님의 세계로 가자. 우리 모두 함께 가자 부처님 세계를 究竟(구경)에는 원만히 성취하자.

반야심경 본문단어 해설

마하: 크다, 많다, 대립의 세계를 떠난 절대의 세계를 말함

반야: 지혜를 말함, 우주진리를 바르게 보는 안목

바라밀: 부처님 세계에 이름, 저 언덕에 이름, 깨달음을 얻음

五蘊(오온): 색수상행식을 말함. 인간의 육체를 모두 한꺼번에 일컬음

사리자: 부처님의 제자 중에서 지혜가 제일인 사리불

색: 五蘊(오온) 가운데 육체적·물리적인 부분

공: 제법의 보편적 본질, 유무를 초월한 그 무엇, 숫자의 0의 개념

수: 감정의 느낌, 감각, 감수

상: 상상, 공상, 지각

행: 동작의 의지, 정신작용의 일정한 방향

식: 종합적 인식, 六識(육식)

법: 진리를 말하기도 하고 일체존재를 말하기도 한다.

안이비설신의: 대상을 인식하는 주관적 감각기관을 말함. 6근, 또는 6포라고도 함

색성향미촉법: 6경이라고 함. 6근의 대상

안계내지의식계: 6근이 6경을 상대해서 일어나는 분별의식

無明(무명): 지혜 없음, 진리를 모르는 어리석음, 모든 고통의 최초 원인

고집멸도: 4가지 거룩한 진리로, 사성제라고 함. 불교 교리의 가장 기본적인 것으로 고-괴로움의 세계, 집-괴로움의 원인, 멸-부처님의

세계(열반), 도―부처님 세계에 드는 법

　지혜: 우주진리를 바르게 보는 통찰력. 지식과는 다름

　보리살타: 상구보리, 하화중생하는 불교의 이상적 인간상

　　보리―깨달음, 부처님의 세계

　　살타―중생, 미혹의 세계

　아뇩다라삼먁삼보리: 無上正等正覺(무상정등정각). 위없는 큰 깨달음.

부처님의 세계에 듦(아는 無, 뇩다라는 上, 삼은 正, 먁은 等, 보리는 正覺)

　呪(주): 주문, 참 말씀

　아제: 가자, 갑시다, 度(도)

　바라: 彼岸(피안), 부처님의 세계

　승: 모두, 總(총)

　모지: 깨달음의 세계

　사바하: 구경원만 성취[32]

---

32 무일 우학, 『반야심경 사경 및 공부』, 좋은인연(1997)

불교의
마음공부

마음은 환상과 같아서 허망한 분별심에 의해 여러 가지 형태로 나
타난다.

마음은 바람과 같아 붙잡을 수도 없으며, 모양도 볼 수 없다.

마음은 흐르는 강물과 같아 멈추지 않고 거품을 내며 사라진다.

마음은 불꽃과 같아 因(인- 직접원인)과 緣(연- 간접원인)이 닿으면 타오른다.

마음은 번개와 같아 잠시도 머무르지 않고 순간순간 소멸한다.

마음은 허공과 같이 뜻밖의 연기로 더럽혀진다.

마음은 원숭이와 같아 잠시도 그대로 있지 못하고 시시각각 움직인다.

마음은 그림을 그리는 화가와 같아 온갖 모양을 나타낸다.

「보적경」

내가 너의 마음을 알 수 없고, 너도 내 마음을 알 수가 없다.

그러기에 서로가 필요한 존재인가 보다.

누구의 마음도 알 수 없는 요지경

그러나 그 마음이 인간을 움직이고 행복과 불행을 생산해 낸다.

부처의 마음도 내 마음도 갈고 닦아야 진리가 보인다.

마음은 시시각각으로 변하기 때문에 지키기도 힘들고 통제하기도
힘들다.

마음을 바로잡는 일이 행복의 근원이다.

마음은 보이지 않지만 지혜 있는 사람은 그 마음을 잘 다스린다.

마음을 잘 다스리는 사람이 곧 안락을 얻는다.

남의 마음을 상하게 하지 말라.

남의 마음을 상하지 않게 하려면, 남의 생활을 침해하지 말라.

남의 감정을 상하게 하지 말고, 남의 생각을 지나치게 간섭하지 말라.

이것이 남의 마음을 상하지 않게 하는 방법이다.

남의 허물을 보지 말라. 남의 한 것과 하지 않을 것을 보지 말라.

다만 자신이 한 것과 하지 않은 것만 보아라.

남의 잘못을 찾아내기란 쉬운 일이나, 자신의 잘못을 깨닫기란 참
으로 어려운 일이다.

탄생과 죽음의 이 기나긴 여행길 생사윤회에서 지친 나그네가 되는
것은 괴로운 일이다.

그러므로 그대여 무지에 지친 나그네가 되지 말라.

그리고 어느 한곳에 얽매이지도 말고 동서남북으로 자유롭게 살아가라.

이름은 죽어서 없어질지라도 정신은 그대로 남아 또다시 태어난다.

인간은 한세상만 사는 것이 아니다.

그러므로 애욕과 어리석음을 버려라.

애욕과 어리석음으로부터 고통과 기쁨이 나온다.

「법구경」

욕심 없는 사람에게는 마음의 고통이 존재하지 않는다.

진실로 속박에서 벗어난 사람은 모든 공포를 초월하듯이 헛된 삶으로 이끄는 그릇된 집착을 버리고 세상을 있는 그대로 볼 때 죽음에 대한 공포는 사라진다.

무거운 짐을 내려놓고 나면 더 이상 무거울 것이 없는 것처럼, 집착을 여의고 피안에 이른 사람은 죽음을 두려워하지 않는다.

감옥에서 풀려난 죄수처럼 진리의 최고 경지에 도달하여 세상에 대해 아무런 아쉬움도 없는 사람은 죽음을 슬퍼하지 않는다.

불타오르는 집에서 무사히 빠져나온 사람처럼

의심처럼 무서운 것은 없다.

의심이란 분노를 일으키게 하는 근본 원인이며

두 사람 사이를 갈라놓는 독이며

서로의 생명을 손상시키는 칼날이며

서로의 마음을 괴롭히는 가시이다.

「아함경」

이것이 있음으로써 저것이 있고,

저것이 있음으로써 이것이 있다.

이것이 소멸함으로써 저것이 소멸하고,

저것이 소멸함으로써 이것이 소멸한다.

「아함경 다계정」

마음에 드는 것에 집착하지 말라.

그것은 탐욕을 끊어버리기 위함이다.

마음에 거슬리는 것에 노여워하지 말라.

그것은 증오하는 마음을 없애기 위함이다.

현혹하는 말에 집착하지 말라.

그것은 어리석음을 끊어 버리기 위함이다.

지나간 일에 대해 집착하지도 말고, 미래에 대해 걱정하지도 말라

현재 얻어야 할 것만을 따라 바른 지혜로 최선을 다할 뿐, 딴 생각을 하지 말라.

과거에 집착하고 미래를 걱정하는 것은 마치 우박이 초목을 때리는 듯 어리석음의 불로 스스로를 태우는 것과 같다.

「잡아함경」

중생이 받는 갖가지 苦(고)와 樂(낙)은

현세에 지은 業(업) 때문만은 아니다. 그 원인은 과거부터 이어져 온 것임을 알아야 한다.

그러므로 악업의 씨앗을 만들지 않는다면 미래에 받아야 할 결과도 없게 될 것이다.

집착하는 까닭에 탐심이 생기고
탐심이 생기는 까닭에 얽매이게 되며
얽매이는 까닭에 생로병사와 근심, 슬픔, 괴로움과 같은 갖가지 번뇌가 뒤따르는 것이다.

「열반경」

모든 현상은 인연에 의해 만들어진다.
그러므로 단 한순간도 똑같은 상태로 머물러 있지 않는다.
태어난 것은 다시 소멸되고
소멸된 것은 이윽고 다시 태어난다.
그러나 이 생성과 소멸의 두 세계를 넘어서면
거기 영원한 법열의 세계인 니르바나(열반)가 있다.
니르바나로 가는 길이 있다.

「대열반경」

행동은 마음으로부터 일어나고, 마음은 외부의 환경으로부터 움직인다.
본래 인간의 마음에는 선악이 따로 없다. 오로지 외부의 조건과 상황에 의해서 선과 악이 일어날 뿐이다. 그러므로 어떠한 환경을 만날지라도 마음이 흔들리지 않도록 하는 것이 중요하다.

죽음이 찾아오면, 그대와 함께할 수 있는 동반자는 아무도 없다.

떼를 지어 잠을 자는 새들도 아침이 되면 각자 흩어지듯이

그대 또한 사랑하는 자식과 아내, 남편, 친지들과 헤어져 혼자 저세상으로 가리…….

오직 끝까지 그대를 따르는 것은 그대가 지은 선과 악뿐이다.

「정법안장」

과거를 지워 버려라. 미래에 끌려가지 말라.

그리고 지금 현재에도 너무 집착하지 말라.

그러면 그대의 마음은 지극히 평온해질 것이다.

그는 세상에서 아무것도 가진 것이 없다.

그렇다고 무소유를 걱정하지도 않는다.

그는 모든 사물에 이끌리지도 않는다.

그는 아무것에도 머무르지 않고 사랑하거나 미워하지도 않는다.

슬픔도 인색함도 그를 더럽히지 못한다.

마치 연꽃에 진흙이 묻지 않는 것처럼 그는 참으로 평안한 사람이다.

만남이 깊어지면 애정이 싹트고

애정이 싹트면 고통의 그림자가 따른다.

애정으로부터 불행이 시작된다는 것을 관찰하고

저 광야를 가고 있는 무소의 뿔처럼 혼자서 가라

「수타니파타」

내 인생에서 가장 행복한 날은 언제인가

바로 오늘이다.

내 삶에서 절정의 날은 언제인가

바로 오늘이다.

내 인생에서 가장 귀중한 날은 언제인가

바로 오늘 "지금 여기"이다.

어제는 지나간 오늘이요, 내일은 다가오는 오늘이다.

그러므로 "오늘 하루하루"를 이 삶의 전부로 느끼며 살아야 한다.

「벽암록」

남에게 예속되는 것은 고통이다.

고독하게 자신의 길을 걸어가는 것이 진정한 즐거움이다.

「우다나」

언어와 문자는 모두 해탈을 설명하는 도구이다.

언어를 떠나서는 해탈을 설명할 수 없다.

이 모든 현상은 바로 해탈의 표상화에 지나지 않는다.

그러므로 해탈은 울고 웃는 이 복잡한 세속 속에서 터득해야 한다.

「유마경」

異姓(이성)보다 강한 욕망은 없다.

이 세상에 이성과 같은 것이 하나만 있다는 사실은 여간 다행한 일
이 아니다.

그러나 이성은 번뇌의 뿌리가 아니라, 깨달음의 뿌리이다.

마치 메마른 땅이나 사막에서는 연꽃이 피어나지 못하는 것처럼 '번뇌' 때문에 싹이 트는 것이다.

그대 번뇌에서 벗어나려거든 마땅히 욕심을 적게 가져라.

욕심이 적은 사람은 세상에 살면서도 편하고 즐겁지만 욕심이 많은 사람은 천당에 살아도 괴로울 것이다.

욕심이 많은 사람은 부유해도 가난하고, 욕심이 적은 사람은 가난해도 부유하다.

「유교경」

탐욕은 독초와 같고 치열한 불꽃과도 같다.

마치 불나방이 죽을 줄도 모르고 훨훨 타오르는 불을 보고 달려드는 것과 같다.

인내(인욕)는 천상에 태어나는 사다리에서

윤회의 공포로부터 탈출하게 한다.

만약 이(인내)를 수행한다면, 지옥의 고통에서 벗어날 수 있게 된다.

「제법집요경」

노여워하지 않는 것은 남을 해치지 않는 것, 다투지 않는 것, 살생하지 않는 것, 자신을 지키는 것, 남을 지켜주는 것, 탐욕을 제거하는 것, 온갖 세속의 괴로움을 멀리하는 것이 인욕이다.

「보살장정법경」

밝은 지혜가 없는 사람에게는 禪定(선정)이 없다.

선정을 수행하지 않는 사람에게 밝은 지혜가 없다.

선정과 밝은 지혜를 겸비한 사람이야말로

진리에 가까이 다가가 있는 것이다.

그러므로 현자는 선정과 지혜를 함께 닦는다.

항상 지혜를 닦을지라도, 보시를 하지 않는 사람은

비록 총명하고 명철하지만 가난하여 재산이 없다.

보시를 많이 할지라도 밝은 지혜가 없는 사람은 재산을 얻을지라도
우매하고 지견이 없다.

그러므로 보시와 지혜를 함께 닦으면 재물과 지혜가 모두 갖춰진다.

「소부경전」

눈이 밝은 사람은 오히려 장님과 같으며

귀가 밝은 사람은 오히려 귀머거리와 같으며

지혜로운 사람은 오히려 어리석은 사람과 같으며

강한 사람은 오히려 약한 사람과 같다.

그러므로 현명한 사람은 보고 듣고 느끼는 것으로부터 멀리 초월해
야 한다.

산 사람에게 필요한 물건은

죽은 사람에게는 쓸모가 없다.

「장로게경」

탐욕은 無知(무지)의 아들이다.

무지와 탐욕은 불행을 부른다.

불행은 모두 무지로부터 비롯된다.

그러므로 불타는 무지의 집으로부터 벗어나라.

「여시어경」

지나간 것을 쫓아가지 말라.

오지 않은 것은 바라지도 말라.

과거는 이미 지나가 버렸고, 미래는 아직 오지 않았다.

그리고 현재도 순간순간 변해가고 있다.

그러므로 지금, 현재를 잘 살도록 노력하지 않으면 안 된다.

「중부경전」

이 세계는 변하는가? 변하지 않는가?

이 세계는 유한한가? 무한한가?

영혼과 육체는 동일한가? 별개인가?

인간은 사후에도 존재하는가? 존재하지 않는가?

여기에 대해서 명확한 판단을 내리려고 애쓰지 말라.

왜냐하면 이런 형이상학적인 물음들은 마음의 평화를 얻고 깨달음에 이르는 데 아무런 도움이 되지 못하기 때문이다.

삶의 고뇌로부터 벗어나는 데 아무런 도움이 되지 않기 때문이다.

아무것도 갖고 있지 않은 사람은 진실로 행복한 사람이다.

지혜로운 사람은 아무것도 자기의 것이라고 생각하지 않는다.

자, 보아라. 많이 가지고 있는 자들이 여기저기 얽매여 얼마나 많은 괴로움을 당하고 있는가를.

「우다나이티붓타카」

친지의 죽음은 곧 우리들 자신의 한 부분의 죽음을 뜻한다.

그리고 우리들 차례에 대한 예행연습이며, 현재 삶에 대한 반성이다.

삶은 불확실한 인생의 과정이지만, 죽음만은 틀림없는 인생의 매듭이기 때문에, 보다 엄숙할 수밖에 없다.

삶에는 한두 차례 시행착오가 용납될 수 있다. 그러나 죽음에는 그럴 만한 여유가 없다.

그러므로 잘 죽는 일은 바로 잘 사는 일과 직결된다.

「본생경」

달라이라마의
행복론

행복이란 삶의 목표이며, 삶의 모든 몸짓은 행복을 향해 가는 것이다.

삶의 목표는 행복에 있다

종교를 믿든 안 믿든, 또는 어떤 종교를 믿든, 우리 모두는 언제나 더 나은 삶을 추구하고 있다. 따라서 우리의 삶은 근본적으로 행복을 향해 나아가고 있는 것이다. 그 행복은 각자의 마음 안에 있다는 것이 나의 변함없는 믿음이다.

행복에 대한 토론

사람들은 마음의 수행을 통해 차츰 고통을 가져다주는 것들을 버리고, 행복을 가져다주는 것들을 키우기 시작한다.

이것이 바로 행복에 이르는 길이다.

단순한 지혜

어떤 순간에 행복이나 불행을 느끼는 것은 우리가 상황을 어떻게 받아들이며, 자신이 가진 것에 얼마나 만족하는가에 달려 있다.

행복에 이르는 길

마음의 수행이란, 긍정적인 생각들을 키우고
부정적인 생각들을 물리치는 일이다.
이 과정을 통해 진정한 내면의 변화와 행복이 찾아온다.

인간이란 무엇인가

타인들도 나와 똑같이 고통받고 있고, 똑같이 행복을 원하고 있다.
이러한 사실을 이해하는 것이 진정한 인간관계의 시작이다.

서로 가까워지는 것에 대하여

고립감과 외로움을 극복하고자 한다면, 우리의 근본적인 태도가 바뀌어야 한다. 태도를 바꾸기 위한 최고의 방법은 친절한 마음으로 다른 사람을 대하는 일이다.

행복하게 산다는 것

변치 않는 관계를 만들기 위해서는 애정과 자비심 그리고 서로 존중하는 마음으로 관계를 맺어야 한다. 그럴 때 우리는 연인이나, 배우자뿐 아니라, 친구와 친척, 낯선 사람과도 깊고 의미 있는 관계를 맺을 수 있다.

왜 자비심이어야 하는가

자비심은 인간의 생존에 가장 기초가 되며, 그것 때문에 인간의 삶은 진정한 가치를 갖는다. 자비심이 없다면, 삶의 기초가 없는 것과 같다.

우리는 무엇 때문에 고통받는가

인간의 고통스런 본질에 대해 생각하는 것은 삶의 불가피한 슬픔을 받아들이는 데 큰 도움이 되며, 삶의 문제들을 올바른 시각으로 바라보게 해주는 가치 있는 방법이다.

덧없음에 대한 명상

삶은 변화한다. 이 사실을 거부하고 자연스런 삶의 변화에 저항할수록 우리의 고통은 사라지지 않을 것이다.

마음을 어떻게 바꿀 것인가

다른 사람이 시기심으로 나를 욕하고 비난해도 나를 기쁜 마음으로 패배하게 하고, 승리는 그들에게 주소서. 내가 도와준 사람이 나를 심하게 해칠 때 그를 최고의 스승으로 여기게 하소서.

자기 스스로 만든 고통

나의 고통이 다른 모든 생명을 가진 존재들의 고통을 대신하게 하소서. 이 고통을 경험하면서 이와 비슷한 고통을 겪을지도 모르는 모든 생명 가진 존재들을 구원하게 하소서.

마음의 길

부정적인 생각들은 우리 마음의 본질이 아니라, 마음의 자연스러운 상태를 막는 일시적인 장애물이다. 따라서 긍정적인 마음이라는 교정 수단을 이용해 부정적인 마음을 바로잡을 수 있다.

생각의 반대편에 있는 것들

분노와 미움의 파괴적인 영향으로부터 보호받고 피난처를 얻을 수 있는 유일한 길은 타인에 대해 인내심과 관대한 마음을 갖는 것이다.

두려움으로부터의 자유

삶에 대한 대부분의 두려움들은 우리의 생각이 만들어낸 것들이다. 그런 두려움들은 단지 우리의 생각 속에만 있는 것들이다.

행복의 기술

탐욕의 반대는 무욕이 아니라 만족이다. 당신이 큰 만족감을 갖고 있다면, 어떤 것을 소유하는가는 문제가 안 된다. 어떤 경우에도 당신은 변함없이 만족할 수 있다.[33]

----

33 달라이 라마, 『달라이 라마의 행복론』, 류시화 역, 김영사(2001)

부록

남겨지는 사람들을 위해
해야 할 일

삶의 마무리를 위해 당신이 무엇을 결정하든, 당신이 희망하는 바를, 그것을 알아야 하는 사람들에게 알려서 확실하게 공유하라.

첫째, 가족들도 준비하도록 한다. 사랑하는 가족에게 부담을 주지 않기 위해서 남은 가족들이 어떻게 살아가야 할지 준비시키는 것이다. 투병 중에 들어가는 엄청난 치료비, 간병 때문에 가족들이 경제적 어려움을 겪게 된다. 환자가 원하지 않는 의료와 불필요한 지출을 최소화하도록 미리 알리고, 자신이 하던 일에 관한 내용을 구체적으로 설명해서 후환이 없도록 하고, 가사 문제나 사회적 어려움을 의논할 수 있는 사람을 선택하여 유언장에 기록한다.

둘째, 가까운 사람들에게 도움을 요청한다. 친지나 동료 등 평소에 자주 만나고 대화하는 사람들에게 도움을 요청하면 기쁘게 생각한다. 도움을 필요로 하는 일들을 구체적으로 말해 준다면 고마워할 것이다.

셋째, 미리 장례식을 준비한다. 장례를 치르는 장소와 구체적 장례

절차 등을 가족들과 의논해서 결정하고 사전장례의향서도 작성하면, 준비하는 가족들에게 장례식에 관한 걱정을 덜어주고, 안도감을 주기도 한다.

사전장례
의향서

나에게 사망진단이 내려진 후 나를 위한 여러 장례의식과 절차가 내가 바라는 형식대로 치러지기를 원해 나의 뜻을 알리고자 이 사전 장례의향서를 작성한다.

기본원칙

부고

알려야 할 사람에게만 알리기 바란다.

장례식

가급적 간소하게 치르기 바란다.

장례형식

전통(유교)식 또는 형제간에 의논해서 간소하게

葬日(장일)

날수(기간)에 구애받지 말고 형편대로 해주기 바란다.

부의금 및 조화

관례에 따라 하기 바란다.

음식대접

잘 대접해 주기 바란다.

염습

정해진 절차에 따라 해주기 바란다.

수의

검소한 전통 수의를 해주기 바란다.

관

소박한 관을 선택해주기 바란다.

시신 처리

화장해주기 바란다.

충남 부여군 옥산면 소재 가족 납골당에 봉안하기 바란다.

삼우제와 사십구재

가족끼리 추모하기 바란다.

기타

영정사진, 재단장식 등은 형제간에 의논해서 하되 간편한 방식을 선택하라.

제사는 특별한 의식을 가질 필요 없이 사형제 중 모이기 쉬운 집에서 간단한 다과를 준비하여 같이 나누면서 생시에 내가 잘했던 일에 대하여 이야기 나누고 모두의 행복한 미래를 위한 대안을 교육적 의미로 담소하면서 기념하기 바란다.

이상은 장례의식과 절차에 대한 나의 바람이니 이를 꼭 따라 주기 바란다.

20 년 월 일

작성자

순간과 찰나 같은
인생길

人生(인생)에 있어 삶을 표현하기를

기독교에서는 '잠깐 있다가 없어지는 안개'로, 佛敎(불교)에서는 '한 조각 뜬 구름'으로 표현합니다. 또 테레사수녀는 '인생이란 낯선 여인숙에서의 하룻밤이다'라고 표현했습니다.

人間(인간)의 삶은 덧없고 허무한 것이라는 의미일 것입니다. '삶이란 풀잎 끝에 맺힌 이슬이나 석양에 비치는 그림자가 아닌가?'라는 생각도 해봅니다.

의학의 발달로 수명이 연장되어 100년을 넘긴다고 해도 천세 만세 영원한 삶을 누릴 수는 없겠지요. 오래 사는 것이 중요한 것이 아니라, 건강하게 살다가 아름답게 가는 것이 더 의미가 있겠지요.

또 한편으로 살아가다 보면 어찌 좋은 일만 있겠습니까? 누군가가 밉기도 하고, 화나는 일, 억울한 일도 있겠지요. 그래서 누군가를 미워하고, 중요하고 시기하며 아웅다웅 살기에는 너무 아까운 人生(인생)입니다.

우리에게 주어진 삶이라는 人生(인생)은 결코 길지 않습니다. 漢(한)나라 때의 민요 西門行(서문행)의 한 구절이 생각납니다. 人生不滿百常懷千歲憂(인생불만백상회천세우) 오래 살아도 백 년을 채우기 어려운 게 인생입니다. 그런데도 해도 해도 끝이 없을 근심걱정을 품고 살아갑니다.

어려운 일도, 좋은 일도, 슬픈 일도, 즐거운 일도 다 시간 지나면 해결되겠지요.

- 어느 친구가 보내준 글

아름다운
마무리를 위해 원하는 것

    누구나 인생을 보람 있게 살다가 아름답게 삶을 마무리하고 싶어한다. 서울대학교 의과대학은 2012년 6월 월드리서치를 통해 전국 성인 남녀 1,000명을 대상으로 '웰다잉에 대한 대국민 인식 조사'를 실시했다.

순위	웰다잉을 위한 중요 요소	선택 비율(%)
1	다른 사람에게 부담 주지 않음	36.7
2	가족이나 의미 있는 사람과 함께 있는 것	30.0
3	지금까지 삶이 의미 있게 생각되는 것	6.7
4	주변 정리가 마무리된 것	5.9
5	통증으로부터 해방된 상태	5.3
6	영적인 안녕 상태	5.0
7	충분한 재정이 확보돼 있는 것	4.4

연령별
호칭과 의미

60주년의 축하: 내 나이는 어디서 왔는가?

回甲(회갑)	回婚(회혼)	回榜(회방)
61세	부부 60년	급제하고 60년

70세: 古稀(고희), 從心(종심)

70세 이상: 耄耋(모질)

77세: 喜壽(희수)

80세: 傘壽(산수) ● 81세: 望九(망구: 90을 바라보는 나이)

88세: 米壽(미수)

90세: 卒壽(졸수) ● 91세: 望百(망백)

99세: 白壽(백수)

100세: 期壽(기수), 百壽(백수), 永壽(영수), 人端(인단)

100세 이상: 百歲人(백세인), Centenarian

101세: 望千壽(망천수)

105세 이상: 준초백세인, Semi Super Centenarian

108세: 超脫煩惱壽(초탈번뇌수)

110세 이상: 초백세인, Super Centenarian

존엄한 죽음을
희망한다

제가 불치의 병에 걸려 치료가 불가능하고 죽음이 임박할 경우를 대비하여 저의 가족, 친척, 그리고 저의 치료를 맡고 있는 분들께 다음과 같은 저의 희망을 밝혀 두고자 합니다. 이 선언서는 저의 정신이 아직 온전한 상태에 있을 때 작성해 놓은 것입니다. 따라서 저의 정신이 건강할 때에는 이 선언서를 스스로 파기할 수도 있겠지만, 철회하겠다는 문서를 재차 작성하지 않는 한 유효함을 밝힙니다.

존엄사 선언서

저의 병이 현대의학으로 치료할 수 없고 곧 죽음이 임박하리라는 진단을 받은 경우, 사망 시간을 뒤로 미루기 위한 일체의 연명조치는 거부합니다.

다만 그런 경우 저의 고통을 완화하기 위한 조치는 최대한 취해 주시기 바랍니다. 이로 인한 부작용으로 죽음을 일찍 맞는다 해도 상관

없습니다.

제가 수개월에 걸쳐 혼수상태(식물인간 상태)에 빠졌을 때는 생명을 인위적으로 유지하기 위한 연명조치를 중단해주시기 바랍니다.

이와 같은 저의 존엄사 선언서를 통해 제가 바라는 사항을 충실하게 실행해 주신 분들께 깊은 감사를 드립니다. 아울러 저의 요청에 따라 진행된 모든 행위의 책임은 저 자신에게 있음을 분명히 밝히고자 합니다.

20 년   월   일

본인

가족

공증인

죽음에 대한
부질없는 공포를 해체하라

가장 두려운 악인 죽음은 우리에게 아무것도 아니다. 왜냐하면 우리가 존재하는 한 죽음은 우리와 함께 있지 않으며, 죽음이 오면 이미 우리는 존재하지 않기 때문이다. 그렇다면 죽음은 산 사람이나 죽은 사람 모두와 아무런 상관이 없다. 왜냐하면 산 사람에게 아직 죽음이 오지 않았고, 죽은 사람은 이미 존재하지 않기 때문이다.

- 그리스의 현자 에피쿠로스의 말

현자는 지금 여기에서 즐거움을 향유한다.

많은 사람들은 때로는 죽음을 가장 큰 악이라고 생각해서 두려워하고, 다른 때에는 죽음이 인생의 악을 중지시켜 준다고 생각해서 죽음을 열망한다. 반면 현자는 삶을 도피하려고 하지도 않으며, 삶의 중단을 두려워하지도 않는다. 왜냐하면 삶이 그에게 해를 주는 것도 아니고, 삶의 부재가 악으로 생각되지도 않기 때문이다. 음식의 경우와 마찬가지로 단순히 긴 삶이 아니라 가장 즐거운 삶을 원한다. 그래서 그는 가장 긴 시간이 아니라 가장 즐거운 시간을 향유하려고 노력한다.

- 메노이케우스에게 보내는 편지

서산대사
해탈 시 中에서 人生(인생)

人 生(인 생)

生 也 一 片 浮 雲 起(생 야 일 편 부 운 기)
삶이란 한 조각 구름이 일어남이요,

死 也 一 片 浮 雲 滅(사 야 일 편 부 운 멸)
죽음이란 한 조각 구름이 스러짐이다.

浮 雲 自 體 本 無 實(부 운 자 체 본 무 실)
뜬구름은 본래 실체가 없는 것.

生 死 去 來 亦 如 然(생 사 거 래 역 여 연)
죽고 살고 오고 감이 모두 그와 같도다.

성철스님의
열반

제자 원택과의 마지막 대화

성철은 자주 눈을 감았다. 제자 원융은 스승이 昏沈(혼침)에 빠진 줄 알고 여쭈었다.

"큰스님, 지금 境界(경계)가 어떠하십니까?"

그 말에 성철이 벌떡 일어났다. 그리고 원융의 뺨을 후려쳤다.

열반에 들기 3일 전 일이었다.

"가야산 호랑이가 죽지 않았구나."

퇴설당에 들어선 원택은 스승을 바라보고 희미하게 웃었다.

"이제 가야지. 내 할 일은 다했다."

"내 이제 갈란다. 너희를 너무 괴롭히는 것 같다."

"이제 갈 때가 다 됐다. 내가 너무 오래 있었다."

일체 중생이 부처인데도 방편을 내세워 진리를 찾으라고 설했으니, 그 죄업이 수미산만큼 컸다.

백일법문, 선문정로, 본지풍광도 결국 달은 아니었다.

달을 가리키는 손가락질에 불과했다.

가을밤이 지나가고 있었다.

여명이 밝아오자 성철이 눈을 떴다.

"나 좀 일으켜다오."

성철의 마지막을 기다리는 새벽 5시를 지나고 있었다.

성철은 다시 말했다. "답답하구나. 나를 안아라."

원택은 스승을 끌어안았다.

"새끼야, 편하게 좀 해 봐라."

지상에서 마지막 꾸중이었다.

원택은 성철을 고쳐 안았다. 성철은 제자의 가슴에 몸을 기댔다.

성철의 몸은 가벼웠다.

창밖이 설핏 환했다.

1993년 11월 4일 오전 7시 30분

"새벽이가?"

"네."

"그럼 나도 가야겠다. 다들 못 보고 가겠구나."

제자는 울음을 삼켰다.

"참선 잘 하그레이."

그리고 말이 없었다.[34]

----

34 김택근, 『성철 평전』, 모과나무(2017)

참고도서

박상철,『웰에이징』, 생각의나무(2009)

전현수,『생각사용설명서』, 불광출판사(2012)

릭 핸슨,『붓다 브레인』, 장현갑 역, 불광출판사(2010), p.332

윤영호,『나는 한국에서 죽기 싫다』, 엘도라도(2014)

나가르주나,『중론』, 박인성 역, 주민출판사(2001)

전현수,『마음 치료 이야기』, 불광출판사(2010)

틱낫한,『이른 아침 나를 기억하라』, 서보경 역, 지혜의나무(2003)

김남선,『생활명상』, 민족사(2010)

윤종모,『나무마을 윤신부의 치유명상』, 정신세계사(2003)

강선희(선명화),『티벳 사자의 서』, 불광출판사(2008)

틱낫한,『기도』, 김은희 역, 명진출판사(2013)

오진탁,『마지막 선물』, 세종서적(2007)

조계화, 이윤주 외 1인,『죽음학 서설』, 학지사(2006)

우 쉐이 띤,『미소 지으며 죽는 법』, 김춘란 역, 행복한숲(2010)

김수지,『호스피스 총론』, 한국호스피스협회(2015)

한국죽음학회 웰다잉 가이드라인 제정위원회,『죽음맞이』, 모시는사람들(2013)

김영우,『빙의는 없다』, 전나무숲(2012)

김여환,『죽기 전에 더 늦기 전에』, 청림출판(2012)

미즈노 고겐,『불교용어 기초지식』, 석원연 역, 들꽃누리(2002)

한자경,『불교철학의 전개』, 예문서원(2003)

대한불교 조계종 포교원,『불교입문』, 조계종출판사(2017)

목경찬, 『연기법으로 읽는 불교』, 불광출판사(2014)

법륜, 『인생수업』, 휴(2013)

성철, 『영원한 자유의 길』, 장경각(1997)

무일 우학, 『반야심경 사경 및 공부』, 좋은인연(1997)

달라이 라마, 『달라이 라마의 행복론』, 류시화 역, 김영사(2001)

김택근, 『성철 평전』, 모과나무(2017)

□ 자격면허

1963년 02월 23일 상학사자격 (동아대학교 총장)

1972년 09월 30일 제1종자동차 운전면허 (서울시장)

1977년 02월 25일 정사서자격 (문교부장관)

1980년 02월 18일 공학석사자격 (연세대학교 총장)

1982년 12월 15일 일본산업훈련지도자자격 (TWI-JR) (일본산업훈련협회장)

1984년 08월 27일 직업훈련 교사 면허 (TWI-JR, TWI-JM) (노동부장관)

1989년 08월 25일 교육학석사자격, 상담교사자격 (연세대학교 총장)

1991년 08월 30일 경영지도사 자격 (상공부장관)

2013년 요양보호사 자격 (서울특별시장)

□ 연구논문 및 저서

· 작업능률과 피로에 대한 분석적 연구(1979, 연세대학교)

· 산업체 근로자의 상담요구분석(1988, 연세대학교)

· 안전관리(1988, 갑진출판사)

· 카운셀링 능력향상과정(1989, 한국능률협회 관리자상담교육교재)

· 순천명인생론(2012, 서울대학교 장수과학 지도자과정)

· 나의 Well-Dying Project(2015, 한림대학교)

아름다운 마무리, Well-dying의 이해로 행복과
긍정의 에너지가 팡팡팡 샘솟으시기를 기원드립니다!

권선복
(도서출판 행복에너지 대표이사, 영상고등학교 운영위원장)

많은 사람들은 죽음이라는 단어에 막연한 두려움을 가지고 있습니다. 죽음 이후의 내세를 믿든 믿지 않든 우선 두려움에 휩싸여 어찌할 바를 모르고, 죽음이 다가오지도 않았는데 두려움에 떨거나 죽는 순간까지도 자기 것을 꼭 쥐고 놓지 않으려는 사람도 있습니다. 하지만 누구도 그런 마지막을 바라지 않을 것이고, 대신 아름답게 마무리 짓고 떠남을 바랄 것입니다. 그러나 아쉽게도 우리는 아름다운 마무리를 위해서 어떤 준비를 해야 할지 잘 알지 못합니다. 죽음이라는 것에 대해 한없이 부정적인 생각만 하고 있기 때문에 죽음을 똑바로 보지 못하는 것입니다.

책 『나의 웰다잉 노트』는 바로 이 아름다운 마무리를 위한 깨달음
과 배움의 총아입니다. 저자는 생사학을 공부하며 이 세상을 떠날 때
를 대비하여 어떤 마음가짐을 가져야 하는가, 어떤 자세로 죽음이라는
것을 바라보아야 하는가, 어떻게 해야 아름답고 깨끗한 마무리, Well-
dying의 길에 들 수 있는가에 대한 것들을 모았습니다. 명상수행으로
탐·진·치(貪·瞋·癡)를 소멸하여 자아(自我)에서 비아(非我)로, 유아(有我)에
서 무아(無我)로, 영혼을 성장시키겠다고 하는 저자는 여러 철학자들과
불교의 말을 인용하며 '나'의 존재를 지우는 것에서 시작해야 함을 말
합니다. 또한, 잘 죽기 위해서는 잘 살아야 한다는 역설적인 발상을 통
해 삶의 올바른 방향을 제시합니다. 이처럼 저자가 전하는 제법무아
(諸法無我)와 Well-dying의 개념을 제대로 이해하고 따라가다 보면 지금
의 삶을 더욱 풍요롭게 가꿀 수 있을 것입니다.

죽음이라는 것이 단순히 육체의 활동이 정지함이 아님을 깨닫고 삶
과 죽음을 공부하여 이를 하나의 책으로 엮어내신 박종헌 저자에게
큰 응원의 박수를 보내며, 이 책을 통해 죽음의 두려움에서 벗어나 무
아(無我)를 이룬 진정한 Well-dying의 준비로 대한민국 국민 모두가 참
된 Well-being을 이룰 수 있기를 바랍니다. 또한 저자의 선한 기운이
이 책을 읽는 분들의 삶에 널리 퍼져 모든 분들의 삶에 행복과 긍정의
에너지가 팡팡팡 샘솟으시기를 기원드립니다.

ADVENTURE & DESTINY

Sally(Sumin) Ahn, Trina Galvez 지음 | 값 13,000원

시집 『ADVENTURE & DESTINY』는 시와 문학에 대해서 깊은 열정을 가지고 꾸준히 창작활동을 계속하고 있는 한 젊은 시인의 문학적 사색과 고뇌를 보여주는 세계로의 모험이라고 할 수 있다. 각 챕터는 영어 원문과 한국어 번역을 모두 포함하여 원문의 느낌과 의미를 온전히 살리는 한편 한국어 독자들에게도 쉽게 접근할 수 있도록 하였다.

무일푼 노숙자 100억 CEO되다

최인규 지음 | 값 15,000원

책 『무일푼 노숙자 100억 CEO 되다』는 "열정이 능력을 이기고 원대한 꿈을 이끈다."는 저자의 한마디로 집약될 만큼 이 시대 '흙수저'로 대표되는 청춘에게 용기를 고하여 성공으로 향하는 길을 제시하고 있다. 100억 매출을 자랑하는 (주)다다오피스의 대표인 저자가 사업을 시작하며 쌓은 노하우와 한때 실수로 겪은 실패담을 비롯해 열정과 도전의 메시지를 모아 한 권의 책으로 엮었다.

정부혁명 4.0 : 따뜻한 공동체, 스마트한 국가

권기헌 지음 | 값 15,000원

이 책은 위기를 맞은 한국 사회를 헤쳐 나가기 위한 청사진을 제안한다. '정치란 무엇인가?' '우리는 무엇이 잘못되었는가?' 로 시작하는 저자의 날카로운 진단과 선진국의 성공사례를 통한 정책분석은 왜 정치라는 수단을 통하여 우리의 문제를 해결해야 하는지를 말한다. 정부3.0을 지나 새롭게 맞이할 정부4.0에 제안하는 정책 아젠다는 우리 사회에 필요한 길잡이가 되어 줄 것이다.

나의 감성 노트

김명수 지음 | 값 15,000원

이 책 『나의 감성 노트』는 30여 년간 의사로서 의술을 펼치며 그중 20여 년을 한자리에서 환자들과 함께한 내과 전문의의 소소한 삶의 기록이다. 삶과 죽음에 대한 겸허한 자세, 인생과 노년에 대한 깊은 성찰, 다양한 인연으로 맺어진 주변 사람들에 대한 따뜻한 시선은 현대 사회를 사는 독자들의 메마른 가슴속에 사람 사는 향기와 따뜻한 감성을 선사할 것이다.

하루 5분나를 바꾸는 긍정훈련

행복에너지

'긍정훈련'당신의 삶을
행복으로 인도할
최고의, 최후의'멘토'

'행복에너지
권선복 대표이사'가 전하는
행복과 긍정의 에너지,
그 삶의 이야기!

인터파크
자기계발 분야 주간
베스트 1위

권선복 지음 | 15,000원

권선복

도서출판 행복에너지 대표
지에스데이타(주) 대표이사
대통령직속 지역발전위원회
문화복지 전문위원
새마을문고 서울시 강서구 회장
전 팔팔컴퓨터 전산학원장
전 강서구의회(도시건설위원장)
아주대학교 공공정책대학원 졸업
충남 논산 출생

책『하루 5분, 나를 바꾸는 긍정훈련 - 행복에너지』는 '긍정훈련' 과정을 통해 삶을 업그레이드하고 행복을 찾아 나설 것을 독자에게 독려한다.

긍정훈련 과정은[예행연습] [워밍업] [실전] [강화] [숨고르기] [마무리] 등 총 6단계로 나뉘어 각 단계별 사례를 바탕으로 독자 스스로가 느끼고 배운 것을 직접 실천할 수 있게 하는 데 그 목적을 두고 있다.

그동안 우리가 숱하게 '긍정하는 방법'에 대해 배워왔으면서도 정작 삶에 적용시키지 못했던 것은, 머리로만 이해하고 실천으로는 옮기지 않았기 때문이다. 이제 삶을 행복하고 아름답게 가꿀 긍정과의 여정, 그 시작을 책과 함께해 보자.

『하루 5분, 나를 바꾸는 긍정훈련 - 행복에너지』